¿Y QUIÉN ES JESÚS?

Saul: Muchas felicidades por tu cumpleaños!!
Deseamos con todo nuestro corazón que cada día de tu vida quien es Jesús!! Recuerda que Jesús es más que suficiente.

Te amamos mucho!!

Adrien y Suky Morales

¿Y QUIÉN ES JESÚS?

UN ENFOQUE PRÁCTICO ACERCA DEL HOMBRE QUE CAMBIÓ LA HISTORIA

DR. MIGUEL NÚÑEZ

PORTAVOZ

La misión de Editorial Portavoz consiste en proporcionar productos de calidad —con integridad y excelencia—, desde una perspectiva bíblica y confiable, que animen a las personas a conocer y servir a Jesucristo.

¿Y quién es Jesús? Un enfoque práctico acerca del hombre que cambió la historia, © 2007 por Miguel Núñez y publicado por Editorial Portavoz, filial de Kregel Publications, Grand Rapids, Michigan 49501. Todos los derechos reservados.

Ninguna parte de esta publicación podrá reproducirse de cualquier forma sin permiso escrito previo de los editores, con la excepción de citas breves en revistas o reseñas.

A menos que se indique lo contrario, todas las citas bíblicas han sido tomadas de La Biblia de las Américas, © 1986, 1995, 1997 por The Lockman Foundation. Todos los derechos reservados.

EDITORIAL PORTAVOZ
P.O. Box 2607
Grand Rapids, Michigan 49501 USA

Visítenos en: www.portavoz.com

ISBN 978-0-8254-1583-8

2 3 4 5 edición / año 11 10 09 08 07

Impreso en los Estados Unidos de América
Printed in the United States of America

*A mi esposa Cathy,
por todo el tiempo sacrificado para que yo
pueda servir al Señor y a su causa con toda libertad.
Su apoyo, muchas veces tácito, ha tenido un valor
incalculable en mi vida.*

*A nuestra congregación,
cuyas oraciones han sido sentidas en repetidas
ocasiones y quienes han servido de inspiración continua
a mi ministerio para que finalmente comenzara a poner por
escrito lo que ellos han recibido como enseñanza.*

Agradecimientos

A Viola Núñez, mi hermana, por sus múltiples observaciones acerca de la redacción de este material, lo cual hizo con mucho amor y entusiasmo.

A mi hermana, Angelita Núñez y a mi asistente, Lidia Limardo, por contribuir a transcribir y a adaptar este manuscrito y por su ayuda siempre incondicional.

Al pastor José Luis Riverón, director editorial de la prestigiosa Editorial Portavoz, quien apoyó este proyecto desde el primer momento hasta su feliz consumación.

CONTENIDO

	Introducción	11
Capítulo 1:	La importancia de conocer la persona de Jesús.	13
Capítulo 2:	Jesús como Dios	18
Capítulo 3:	Jesús como hombre.	29
Capítulo 4:	Jesús como salvador	38
Capítulo 5:	Jesús como siervo	47
Capítulo 6:	Jesús como profeta, sacerdote y rey.	56
Capítulo 7:	Jesús como maestro	65
Capítulo 8:	Jesús como líder	77
Capítulo 9:	La santidad de Jesús	86
Capítulo 10:	Las afirmaciones de Jesús sobre sí mismo	95
Capítulo 11:	Las predicciones acerca de Jesús	104
Capítulo 12:	Jesús y las implicaciones de su resurrección.	116
Capítulo 13:	Jesús en el Pentateuco.	125
Capítulo 14:	Jesús como personaje único en la historia	138
Capítulo 15:	¿Por qué Jesús y no otros dioses?.	146
Conclusión:	Jesús, un hombre de contrastes	155
	Bibliografía	159

Introducción

Mucho es lo que se ha escrito acerca de la persona de Jesús. Algunas obras son bien extensas con una gran cantidad de contenido teológico pero de índole poco práctico para aquellos que no han seguido una carrera académica. Otras han sido escritas desde una perspectiva tan sencilla, que muchos son los que se quedan esperando conocer más de aquella persona que cambió para siempre la historia de la humanidad.

Esta pequeña obra ha sido concebida tratando de satisfacer toda mente ávida de saber más acerca de Jesús, con un enfoque teológico pero a la vez práctico y resumido. No es nuestra intención ser exhaustivo en el análisis de su persona, sino presentar de forma sencilla las características, los atributos, los oficios y las funciones de la segunda persona de la Trinidad, así como sus implicaciones en la vida del creyente.

Creemos que muchos creyentes no llevan una vida cristiana consagrada porque no tienen un verdadero conocimiento de la persona hacia la cual apunta todo el Antiguo Testamento y sobre quien gira toda la revelación del Nuevo Testamento. La tendencia en los últimos años ha sido la de humanizar tanto a Jesús que se ha perdido la reverencia por su santidad y su señorío sobre nuestras vidas. Esto obviamente ha tenido un efecto enorme sobre la vida del cristiano de hoy y sobre la vida de la iglesia como cuerpo de Cristo.

Cuando Jesús se encarnó no lo hizo para hacer a Dios más liviano o más aceptable, sino para revelarlo; tampoco lo hizo para bajar a Dios de su trono, sino para subir al hombre hasta su presencia. La santidad que sobrecogió al profeta Isaías en el momento que tuvo su encuentro con Dios, fue la misma santidad a la que fue expuesto Pedro cuando después de una gran pesca, se percató de su falta de fe y le dijo a Cristo: "Apártate de mí, Señor, porque soy hombre pecador". Y es esa misma santidad la que debiéramos reverenciar hoy.

A través de las páginas de este libro queremos ver a Jesús desde múltiples ángulos para tener una idea más acabada del Jesús compasivo que no quiso condenar a la mujer tomada en pleno acto de adulterio pero que al mismo tiempo es el mismo Jesús que se aíra al entrar al templo y ver cómo se había violado la santidad de la casa de su Padre. Juan, el evangelista, define a Jesús como alguien que vino lleno de gracia y de verdad. Es esa gracia lo que lo mueve a la compasión y es esa verdad lo que lo mueve a hacer juicio.

Esperamos que al final del estudio de este libro, el lector pueda quedar de manera profunda tocado por la persona por medio de quien y para quien se creó todo cuanto existe y que mediante lo que aprenda en estas páginas pueda darle a Jesús el lugar que verdaderamente le corresponde.

CAPÍTULO 1

La importancia de conocer la persona de Jesús

"Es una indicación de su importancia, de la influencia que Él ha tenido en la historia y probablemente para el misterio incomprensible de su naturaleza, que ninguna otra criatura haya producido tan formidable volumen de literatura en tantos pueblos e idiomas, y que la corriente lejos de descender, continúe ascendiendo".

Kenneth S. Latourette

Ningún otro personaje de la historia ha suscitado tanta controversia como la persona de Jesús. Para una gran parte de la humanidad, Jesús fue Dios hecho hombre pero para otros, no fue más que un profeta o un gran maestro, o quizás otro más de los iluminados hombres del pasado. Independientemente de cuál sea el veredicto acerca de quién fue este hombre, lo cierto es que ningún otro personaje de la historia ha influenciado y cambiado tanto el rumbo de la humanidad como Él lo hizo. Él es el centro de toda la revelación bíblica y es esa Biblia, la que después de dos mil años de historia, ha sobrevivido las peores persecuciones y hoy por hoy continúa siendo el libro más vendido de todos los años. Las estadísticas nos dicen que no hay ningún otro personaje de la historia sobre el cual se haya escrito tantos libros como ha ocurrido con el personaje Jesús, estadísticas que incluyen los 114 millones de volúmenes que componen la biblioteca del Congreso de los Estados Unidos.

Veinte siglos han pasado desde que Jesús fuera crucificado en la ciudad de Jerusalén por haberse proclamado Dios, como en realidad lo era. A la hora de su muerte, Pilato y Herodes no encontraron evidencia para incriminarlo pero aún así, no se atrevieron a ir en contra de la multitud que clamaba por su sangre... Tres días después de su muerte, su tumba fue encontrada vacía y desde entonces, como decía alguien, la tumba vacía ha estado diciendo a la historia: trata de borrar este acontecimiento; a la filosofía le dice trata de explicar este suceso; y a la ciencia, trata de duplicar este acontecimiento. Con el transcurrir de los años, la arqueología ha puesto de relieve más evidencias que apuntan hacia la autenticidad de la persona de Jesús y hoy más que nunca "las piedras verdaderamente han hablado".

Tres razones importantes para estudiar y conocer la persona de Jesús

1. Jesucristo es la piedra angular (Hch. 4:11-12)

En el pasado, los constructores solían colocar una piedra que sirviera como punto de referencia para colocar las demás al iniciar la construcción de un edificio. Esta era conocida como la piedra angular. Jesús es llamado en la Biblia la piedra angular, no solo porque toda la creación depende de su persona, sino también porque toda la obra de redención apunta hacia Él. Hebreos 1:3 dice que Él: "sostiene todas las cosas por la palabra de su poder" y Gálatas 3:24 dice que la ley fue el: "ayo para conducirnos a Cristo". Él es el centro de la revelación bíblica.

Un ayo, según el Diccionario de la Real Academia de la Lengua Española, es un hombre encargado en algunas casas de custodiar niños o jóvenes y de cuidar de su crianza y educación. La ley sirvió para "cuidar" y guiar al hombre hasta que la plenitud de los tiempos llegara trayendo al Hijo de Dios a libertarnos del pecado.

Nuestra salvación depende, de manera completa, de los méritos alcanzados por Él en favor nuestro durante su vida y finalmente con su muerte en la cruz. Su resurrección garantiza nuestra resurrección en el futuro y es su resurrección que garantiza el cumplimiento de las promesas de Dios Padre para con sus hijos. Por eso dice Pablo en 2 Corintios 1:20 que todas las promesas son sí (o amén), en Cristo. Como la piedra angular, es además el único camino de salvación como Él mismo revelara. Esa es la razón por la que todo el Antiguo Testamento apunta hacia su nacimiento y todo el Nuevo Testamento gira alrededor de su vida, muerte y resurrección.

2. Conocer a Jesús es conocer a Dios (Col. 1:15; Jn. 14:8)

Dios quiere que le conozcamos y quiere relacionarse con su pueblo. Por esa razón se ha revelado por medio de los profetas y de su Palabra. Pero en los últimos tiempos, lo ha hecho de manera muy particular mediante su Hijo Jesús (He. 1:1-2). Quien conoce a Jesús conoce a Dios.

El sueño de todo varón judío era poder ver a Dios cara a cara. Moisés hizo esa petición a Dios: "Te ruego que me muestres tu gloria", a lo cual Dios respondió: "No puedes ver mi rostro; porque nadie puede verme, y vivir" (Éx. 33:18-20). Pero cuando Jesús se encarna y viene a revelar al Padre, el hombre tuvo la oportunidad de ver a Dios cara a cara pero hasta teniéndole frente a frente, lo rechazó porque el problema del hombre es que ama más las tinieblas que la luz (**Jn. 3:19**).

3. El Padre quiere hacernos a la imagen de su Hijo Jesús (Ro. 8:29)

Si el Padre quiere hacernos a la imagen de su Hijo, es lógico pensar entonces que tenemos que conocer primero la persona de Jesús si hemos de parecernos a Él. Su forma de pensar, de hablar, de reaccionar; en fin, su modo de vivir, ha de ser el modelo que cada cristiano debe seguir. Hoy no tenemos físicamente a su persona, pero tenemos el relato que el Espíritu Santo inspiró para que los que viviéramos después de su muerte pudiéramos conocerle y seguirle.

Lo que hoy se conoce de la persona de Jesús se debe principalmente a la descripción que cada evangelista hiciera acerca de su vida y de sus hechos. Cada uno escribió desde una perspectiva distinta y teniendo en cuenta una "audiencia" específica. Por lo tanto, cada quien enfocó los aspectos de su vida que para él fueron más relevantes. El siguiente cuadro comparativo establece la diferencia entre los cuatro evangelistas, conforme a su enfoque y a la audiencia a la cual estuvo dirigido su Evangelio.

EVANGELISTA	AUDIENCIA PRINCIPAL	ENFOQUE / ÉNFASIS
Mateo	Los judíos	Cristo como Rey
Marcos	Los romanos	Cristo como Siervo
Lucas	Los griegos	Cristo como Hombre
Juan	Universal	Cristo como Dios

Jesús es mejor conocido como hombre que como Dios, tal vez por el énfasis que se ha hecho sobre su identificación con las debilidades humanas. Pero Jesús no fue solo un hombre, sino que al mismo tiempo era Dios. Por otro lado, la razón de su paso por la tierra tuvo como motivación primera su misión de Salvador pero en la tierra fue, además, siervo, maestro, profeta, sacerdote y rey.

El objetivo de este estudio es presentar a Jesús desde ángulos diferentes haciendo uso de manera principal del Evangelio de Juan porque es el que más destaca su divinidad y usando el resto de las Escrituras para ampliar y clarificar cuando sea necesario.

Aun si no fuésemos cristianos es impresionante y digno de estudiar un hombre que:

- Habiendo nacido en un lugar remoto del Oriente Medio;
- Sin haber viajado nunca más de 300 kilómetros de su lugar de origen;

- Sin haber asistido nunca a una universidad y
- Sin haber escrito nunca un libro...

Sea el hombre que más haya impactado a la humanidad y que haya dividido el tiempo y la historia hasta el punto de que el mundo hoy se vea forzado a hablar de antes de Cristo (a.c.) y después de Cristo (d.c.)

"La Enciclopedia Británica usa veinte mil palabras para hablar de Jesús y nunca insinúa que Él no existiera. Esto es más que lo que la Enciclopedia Británica usa para describir las vidas de Aristóteles, Alejandro El Grande, Cicerón, Julio César o Napoleón Bonaparte..."[1]

---

1. Citado en Paul L. Tan, *Encyclopedia of 7,700 Illustrations* [Enciclopedia de 7.700 ilustraciones] (Rockville, MD: Assurance Publishers, 1990).

Capítulo 2

Jesús como Dios

"...Nunca irá al cielo a menos que esté preparado para adorar a Jesucristo como Dios".

CARLOS H. SPURGEON

El sentido de identidad es importante para el ser humano porque habla de su procedencia, linaje, cultura y pudiera incluso definir su función y aun su esencia misma. Aquello que identifica al hombre es su carta de presentación ante el mundo y la sociedad que rodea al individuo. Sin embargo, alguien pudiera revelar una identidad sin ser la persona que dice ser pero la forma como esa persona vive, tiende a confirmar o negar lo que esa persona realmente es.

Jesús en más de una ocasión se reveló en la tierra como Dios y en múltiples ocasiones lo demostró con hechos y atributos personales que solo Dios tiene. Su divinidad se encuentra revelada en la Biblia mediante las afirmaciones que Él mismo hizo de sí mismo así como en los hechos que de forma verdadera demostraron que Él era el Hijo de Dios y Dios mismo.

Pruebas de la divinidad de Jesús

I) Sus atributos.
II) Sus nombres.

III) Sus afirmaciones de sí mismo.

I) Sus atributos (cualidades que solo Dios posee)

Los atributos de una persona son expresiones de lo que ella es en su esencia. Basta con ver algunos de los atributos de Jesús para entender que verdaderamente Él era Dios hecho hombre.

Eternidad: La definición misma de Dios implica que Él es un ser eterno; de manera que nunca ha habido un momento en que Dios no haya estado presente. Nadie creó a Dios; Él siempre ha existido. Cualquier ser creado es criatura pero Dios es creador. Esto abarca también a la segunda persona de la Trinidad precisamente por ser Dios (Is. 9:6; Jn. 1:1; Jn. 17:5). En Apocalipsis 1:17b-18, Cristo mismo atestigua acerca de su eternidad.

Apocalipsis 17b-18: "…No temas, yo soy el primero y el último, y el que vive, y estuve muerto; y he aquí, estoy vivo por los siglos de los siglos, y tengo las llaves de la muerte y del Hades".

Omnipresencia: La omnipresencia implica que no existe lugar en el universo que su presencia no llene. Cristo en su humanidad durante su paso aquí en la tierra estuvo en un lugar a la vez pero en su divinidad su mente seguía penetrando cada rincón del espacio físico. La siguiente cita nos habla de su habilidad de estar en más de un lugar a la vez.

Mateo 18:20: "Porque donde están dos o tres reunidos en mi nombre, allí estoy yo en medio de ellos".

Omnisciencia: Es la habilidad de conocerlo todo de forma simultánea e instantánea, pero es más que eso. Es la capacidad de conocer el final desde el principio; de conocer hoy lo que va a ocurrir mañana y de conocer todo lo que fue, lo que pudo haber sido y lo que podría ser en el futuro.

Lucas 6:8: "Pero El sabía lo que ellos estaban pensando, y dijo al hombre que tenía la mano seca: Levántate y ven acá. Y él, levantándose, se le acercó". Vea también Mateo 16:21 y Juan 4:29, donde podemos comprobar este atributo en la persona de Jesús.

Omnipotencia: Esto implica que Dios no tiene limitaciones en cuanto a lo que Él quiera hacer. Las únicas limitaciones que Dios pudiera tener son aquellas que tienen que ver con su carácter. Por ejemplo, Dios no puede mentir.

Jesús demostró su omnipotencia en múltiples ocasiones. Cada uno de sus milagros puso en evidencia su poder sobre todo lo creado.

En Mateo 28:18, Jesús afirma que toda autoridad le ha sido dada en el cielo y en la tierra y en Juan 11:38-44 vemos cómo al mandato de su voz Lázaro es vuelto a la vida. El ejercicio del poder sobre la muerte es evidencia de su omnipotencia. En Apocalipsis 1:8, Él es llamado el Todopoderoso.

Inmutabilidad: Dios no cambia; Él es el mismo ayer, hoy y siempre. Él no es afectado por el tiempo. Dios vive en un presente continuo. La Palabra atestigua esto con relación a la persona de Jesús.

Juan 8:58: "Jesús les dijo: En verdad, en verdad os digo: antes que Abraham naciera, yo soy".

Hebreos 13:8: "Jesucristo es el mismo ayer y hoy y por los siglos".

Dentro de sus atributos ejerció funciones que solo Dios puede realizar

El ser dador de vida: Él tiene vida en sí mismo y Él puede darla a otros.

Juan 5:21: "Porque así como el Padre levanta a los muertos y les da vida, asimismo el Hijo también da vida a los que Él quiere".

Juan 5:26: "Porque así como el Padre tiene vida en sí mismo, así también le dio al Hijo el tener vida en sí mismo".

El poder de existencia en sí mismo es un atributo exclusivo de Dios.

El juzgar a todo el mundo: Dios Padre le ha confiado esta responsabilidad, hasta el punto que la Palabra afirma que todos compareceremos ante el tribunal de Cristo (2 Co. 5:10).

Juan 5:22, 27: "Porque ni aun el Padre juzga a nadie, sino que todo juicio se lo ha confiado al Hijo... y le dio autoridad para ejecutar juicio, porque es el Hijo del Hombre".

El perdonar el pecado: Esta es una función que solo puede llenar aquel que tenga el estándar absoluto de la verdad y el poder de juzgar; Cristo lo tiene.

Lucas 5:20: "Viendo Jesús la fe de ellos, dijo: Hombre, tus pecados te son perdonados".

II) Sus nombres

Para el pueblo judío, el nombre de una persona era muy importante porque con frecuencia el nombre representaba su identidad. De esta forma, los nombres de Jesús reflejan su divinidad. Veamos:

Adonai: Implica supremo Señor y es un nombre asignado a Cristo desde el Antiguo Testamento. El Salmo 110:1 expresa: "Dice el SEÑOR a mi Señor: Siéntate a mi diestra, hasta que ponga a tus enemigos por estrado de tus pies".

Cada vez que la palabra SEÑOR aparece escrita por completo en mayúscula, está traduciendo la palabra Jehová. En el original, este texto expresa: "Dice Jehová (El Padre) a Adonai (El Hijo), siéntate a mi diestra..." El Hijo recibe un nombre (Adonai) solo aplicable a Dios.

Emmanuel: Este nombre fue anunciado por el profeta Isaías (Is. 7:14) y confirmado por Mateo 1:23 quien nos dice que este nombre significa Dios con nosotros.

Dios y Señor: Cristo se le aparece a Tomás para convencerlo de su incredulidad y al verlo, Tomás le confiesa como Dios y Señor porque llegó a comprender finalmente que Cristo no era solo el Mesías, sino que era Dios mismo (Jn. 20:28).

Rey de reyes y Señor de señores: Título que exalta a Cristo a la posición de Dios porque el rey es el único que puede sentarse en el trono (Ap. 19:16).

Alfa y Omega: Estas son la primera y la última letra del alfabeto hebreo. Este nombre hace referencia a su eternidad y a su infinitud, atributos que solo Dios puede tener (Ap. 1:8).

III) Sus afirmaciones de sí mismo

Jesús afirmó todo el tiempo que Él era Dios. Este tema lo trataremos en un capítulo aparte (Vea el capítulo 10), por tratarse de algo tan fundamental para la divinidad de Jesús.

La divinidad de Jesús en el Evangelio de Juan

De los cuatro evangelistas, Juan es quien más destaca la divinidad de Jesús y es por esa razón que el apóstol inicia su Evangelio estableciendo la identificación de Jesús como Dios.
"En el principio existía el Verbo y el Verbo estaba con Dios y el Verbo era Dios" (Jn. 1:1).

a) ¿A qué principio se refiere Juan en este versículo?

Juan inicia su Evangelio con la frase: **"En el principio"** y el relato bíblico del libro del Génesis abre con una frase similar: **"En el principio"**. Luego el texto del Génesis continúa diciendo: "creó Dios los cielos y la tierra". Esta comparación es importante, porque mientras el Génesis habla de que Dios (*Elohim*) fue quien creó los cielos y la tierra, Juan 1:3, establece a Cristo como la persona a través de quien fue creado todo el universo, lo que nos ayuda a entender que la frase "en el principio" de Juan 1:1, hace referencia a los comienzos de la creación a la que alude el Génesis 1:1. Juan hace esta introducción tratando de establecer que Jesús siempre ha existido y que en el momento de la creación Él estaba presente junto al Padre participando de la creación misma, tal como lo explica el versículo siguiente:
"Todas las cosas fueron hechas por medio de El, y sin El nada de lo que ha sido hecho, fue hecho" (Jn. 1:3).

b) ¿Cual es la verdadera identidad del Verbo?

En cuanto a la identidad del Verbo, Juan 1:14, nos dice que: "el

Jesús como Dios

Verbo se hizo carne". De forma clara esto nos dice a quién se refiere la palabra Verbo: A la persona de Jesús. Haciendo un ejercicio de sustitución de la palabra Verbo por el nombre Jesús, Juan 1:1 podría leerse de esta forma: "En el principio existía Jesús y Jesús estaba con Dios y Jesús era Dios".

En el original, el vocablo Verbo es *Logos*. Logos en el idioma griego significa: "La Palabra". Esta era una expresión que los judíos llegaron a usar para referirse a Dios mismo tratando de evitar el uso de la palabra Jehová, porque entendían que este era el nombre de Dios que no podía ser usado en vano. El Talmud judío que es una paráfrasis del Antiguo Testamento, traduce a Éxodo 19:17 de esta forma:

"Entonces Moisés sacó al pueblo del campamento para ir al encuentro con La Palabra" (El Logos); es decir, ir al encuentro con Dios.

De manera que no es extraño que Juan usara esta palabra tratando de identificar a Jesús con Dios. Por otro lado, para los filósofos estoicos, **el Logos,** era el principio o la fuerza que gobernaba el universo. De manera que aun para el mundo secular, la palabra *logos* no era del todo desconocida. Los filósofos griegos consideraban el espíritu como algo puro y el cuerpo como algo pecaminoso. Por lo tanto, para estos filósofos era inconcebible el hecho de que "El Logos" pudiera hacerse hombre porque de esa forma contaminaría su esencia misma. El Logos, para ellos y de acuerdo con su filosofía, era un principio que no podía ser conocido por el hombre.

Al Juan escribir que: "el Verbo se hizo carne, y habitó entre nosotros", estaba tratando de comunicarle a los estoicos que eso que ellos consideraban una fuerza, no era una fuerza, sino una persona y que eso que ellos consideraban no conocible, se dio a conocer cuando se hizo carne. Esa era la respuesta de Juan a la doctrina filosófica de los estoicos.

Por otro lado, Juan comienza su Evangelio diciendo que: "En el principio era el verbo, y el verbo era **CON** Dios y el verbo era Dios" (RVR). La palabra traducida aquí como **CON,** en el griego es el vocablo **PROS** y significa una unión de intimidad entre dos personas. Algunos considerando este hecho han pensado que Juan estaba tratando de comunicarnos que el Padre y el Hijo están tan íntimamente unidos que prácticamente uno es el otro. Decir que el Verbo estaba con Dios y era Dios equivalía a decir que aunque el Padre y el Hijo son dos personas distintas, constituyen un sola entidad; que su unión es tal que prácticamente uno es el otro. Eso nos ayuda a entender mejor la cita de Juan 14:9, cuando Jesús expresa: *"El que me ha visto a mí, ha visto al Padre".* Juan afirma desde el inicio de su Evangelio la divinidad de Jesús, entendiéndolo como algo esencial para la comprensión y aceptación de todo lo demás que tenga que ver con su vida, sus hechos y su misión en la tierra.

En Juan 1:1-3 quedan establecidos cuatro principios fundamentales:

1. La eternidad de Jesús (existió desde el principio)
2. La relación de Jesús con Dios (estaba con Dios)
3. La divinidad de Jesús e igualdad con el Padre (era Dios)
4. La participación de Jesús en la creación (nada se hizo sin Él).

Se deduce pues, que Jesús es:

- Creador de todas las cosas
- Sustentador de todas las cosas
- Heredero de todas las cosas
- Supremo sobre todas las cosas

Todo esto concuerda con las siguientes citas:
Colosenses 1:16-17, que dice: "Porque en El fueron creadas todas las cosas, tanto en los cielos como en la tierra, visibles e invisibles; ya sean tronos o dominios o poderes o autoridades; todo ha sido creado por medio de El y para El. Y El es antes de todas las cosas, y en El todas las cosas permanecen".

Hebreos 1:3: "Él es el resplandor de su gloria y la expresión exacta de su naturaleza, y sostiene todas las cosas por la palabra de su poder. Después de llevar a cabo la purificación de los pecados, se sentó a la diestra de la Majestad en las alturas".

Jesús como la luz

La luz es símbolo de la verdad de Dios; por eso dice el salmista: "Lámpara es a mis pies tu palabra, y luz para mi camino" (Sal. 119:105). Las tinieblas, por otro lado, representan el mundo de pecado y en medio de ese mundo de pecado, Cristo vino a alumbrar, a representar y a personificar la verdad de Dios. Es esa verdad la única que disipa la oscuridad del pecado en el interior del hombre.

Juan presenta a Cristo de esta manera: "En El estaba la vida y la vida era la luz de los hombres y la luz brilla en las tinieblas…" (Jn. 1:4-5).

Cristo es precisamente la personificación de esa luz que representa la verdad que destruye el pecado y que pone al descubierto la mentira y el error. De ahí que Él dijera: "Yo soy el camino, y la verdad y la vida" (Jn. 14:6).

Jesús como el tabernáculo

Juan 1:14 dice: "Y el Verbo se hizo carne y habitó entre nosotros". En este versículo aparece una palabra que debe ser explorada, porque muchas veces en la traducción se pierde la riqueza del lenguaje original. Lo que ha sido traducido como habitó, en el griego es el vocablo *skenoo*. Esto es interesante porque en el Antiguo Testamento se usaba la palabra *skene* para referirse al lugar santísimo donde "habitaba" la presencia de Dios. Si se sustituye "habitó" por el significado anteriormente expuesto, el versículo pudiera traducirse de esta forma:

"Y el Verbo se hizo carne e hizo tabernáculo entre nosotros".

Lo que antes en el Antiguo Testamento era el lugar santísimo donde moraba la presencia de Dios, ahora en el Nuevo Testamento, ese lugar santísimo reside en, o es, la persona de Jesús porque la plenitud de la divinidad mora en Él, tal y como afirma Colosenses 2:9.

Jesús representa lo que antes era el templo para el pueblo judío. Esto concuerda con sus palabras en Juan 2:19: "Destruid este templo, y en tres días lo levantaré", lo que se interpreta como una analogía utilizada por Jesús para presentarse a sí mismo como el templo de Dios (tabernáculo).

Algunas herejías en torno a la persona de Jesús

A lo largo de los años diferentes grupos han tratado de negar la divinidad de Jesús, mientras otros han negado su humanidad. Ambas posiciones son incompatibles con el relato bíblico y por lo tanto deben ser rechazadas.

A continuación algunos movimientos que han negado la divinidad o la humanidad de Jesús:

1) El arrianismo: En el siglo IV, el obispo Arrio de Alejandría levantó un movimiento que negaba la divinidad de Jesús. Este movimiento fue conocido como arrianismo y postulaba que Jesús en principio fue creado por el Padre y que después Jesús se convirtió en el agente a través del cual se creó el universo. El concilio de Nicea, que se reunió en el año 325, discutió de manera amplia esta doctrina, entre otras, y al final se firmó un documento en el que 316 obispos afirmaron la divinidad de Jesús. Solo dos obispos, entre ellos, Arrio, se abstuvieron de firmar dicho documento.[2]

2) El gnosticismo: En el siglo II surgió un movimiento conocido como gnosticismo que enseñaba que Jesús no había venido en cuerpo físico. Ellos postulaban que el Jesús histórico fue solo un hombre pero que este hombre fue "poseído" por el Cristo del cielo y de esa forma se convirtió en la persona más iluminada. Este Cristo del cielo actuó a través del Jesús de la tierra y regresó al cielo antes de la crucifixión de manera que lo que murió en la cruz fue solo

---

2. Erwin W. Lutzer, *La decepción de Da Vinci* (Grand Rapids, MI: Editorial Portavoz, 2005), p. 8.

el hombre, es decir, el Jesús de la tierra. A estas personas quería combatir Juan en su primera carta en 4:2-3 cuando dice: "En esto conocéis el Espíritu de Dios; todo espíritu que confiesa que Jesucristo ha venido en carne, es de Dios y todo espíritu que no confiesa a Jesús, no es de Dios; y este es el espíritu del anticristo, del cual habéis oído que viene, y que ahora ya está en el mundo".

Dos movimientos "cristianos" de hoy que niegan la divinidad de Jesús:

1) Los Testigos de Jehová. Los Testigos de Jehová creen que Jesús fue creado por Dios y que como persona creada fue hijo de Dios pero no es Dios. Sin embargo Cristo mismo se identificó como Dios y llegó incluso a aceptar el ser adorado (Mt. 28:17), adoración que solo Dios puede recibir. Los Testigos de Jehová también niegan la existencia del Espíritu Santo. Lo reconocen solo como una fuerza o el principio por medio del cual Dios opera, lo cual es contrario a lo revelado por la Palabra de Dios. Los siguientes pasajes enfatizan la divinidad de Jesús como hemos visto:

- Juan 1:1-3
- Colosenses 1:16-17
- Hebreos 1:1-3
- Juan 10:29-30

2) Los mormones. Al igual que los Testigos de Jehová, niegan el que Jesús sea Dios y lo ven únicamente como un profeta de Dios. De acuerdo con su enseñanza, Joseph Smith fue el último de los profetas, quien vino a completar la revelación de Dios y a llamar a la iglesia que se había desviado del camino.

Pero el libro de Apocalipsis termina de tal forma que impide toda posibilidad de que haya revelación doctrinal nueva.

Apocalipsis 22:18-19 dice: "Yo testifico a todos los que oyen las palabras de la profecía de este libro: Si alguno añade a ellas, Dios traerá sobre él las plagas que están escritas en este libro; y si alguno quita de las palabras del libro de esta profecía, Dios quitará su parte del árbol de la vida y de la ciudad santa descritos en este libro".

Conclusión

Negociar la divinidad de Jesús es negociar toda la fe cristiana. Satanás conoce eso y por lo tanto ha tratado de levantar múltiples movimientos que a lo largo de la historia han tratado de negar esta verdad. Él conoce que si logra convencer a las personas de que Jesús no es Dios todo el cristianismo colapsaría porque la fe cristiana descansa sobre el hecho de que fue Dios mismo, el único ser perfecto, el que vino y pagó por nuestros pecados. Igualmente, el rechazar la humanidad de Jesús es tirar por el suelo todo el movimiento cristiano porque si Jesús no fue hombre, no calificaría para ir a la cruz en nuestro lugar. Por eso el próximo capítulo está dedicado a la humanidad de Jesús. Nunca negocie ninguna de estas dos cualidades de Jesús.

Preguntas

1. ¿Cómo defendería la divinidad de Jesús? Mencione algunas pruebas de ella.

2. ¿Cuál fue el propósito de Juan al referirse a Jesús como el Verbo?

3. ¿Por qué los estoicos tenían dificultad en creer en la encarnación de Dios en la persona de Jesús?

4. ¿Qué movimientos han negado la divinidad de Jesús en el pasado?

5. ¿Qué implicaciones tiene para nuestras vidas el rechazar a Cristo como Dios?

CAPÍTULO 3

JESÚS COMO HOMBRE

"Si alguna vez el hombre fue Dios o Dios hombre, Jesucristo fue ambas cosas".

LORD BYRON GEORGE GORDON

Mucho se ha escrito acerca de la persona de Jesús pero hoy día parece haber más confusión que verdad acerca de su persona. El objetivo de analizar esta faceta de su vida como hombre es tratar de verlo desde una perspectiva humana e interpretar las razones que tuvo para encarnarse. La defensa de la humanidad de Jesús es tan importante como la defensa de su divinidad. La iglesia primitiva entendió esa verdad y por eso el concilio ecuménico de Calcedonia, en el año 451 declaró que: "Jesús era verdadero Dios y verdadero hombre". Ese concilio declaró que las dos naturalezas de Cristo estaban unidas para siempre de forma inseparable "sin confusión, sin división, ni separación" y que ninguna de las dos naturalezas resultó alterada o reducida por esa unión.

    La Biblia presenta grandes contrastes que se conjugan en la persona de Jesucristo pero tal vez el mayor de todos y más sorprendente es el de que Jesús fuera al mismo tiempo verdadero Dios y verdadero hombre. El cuadro siguiente presenta algunos de estos grandes contrastes del Hijo de Dios en sus dos naturalezas.

Naturaleza humana	Naturaleza divina
Estuvo cansado (Jn. 4:6)	Ofreció descanso a los cargados (Mt. 11:28)
Tuvo hambre (Mt. 4:2)	Él era (y es) el pan de vida (Jn. 6:35)
Tuvo sed (Jn. 19:28)	Él era (y es) el agua de vida (Jn. 7:37)
Estuvo en agonía (Lc. 22:44)	Consoló a otros (Jn. 11:23-26)
Creció en sabiduría como todos (Lc. 22:40)	Existió desde la eternidad (Jn. 8:58)
Fue tentado (Mt. 4:1)	Como Dios no podía pecar (2 Co. 5:21)
Se limitó a sí mismo en su conocimiento (Mt. 24:36)	Fue omnisciente (Lc. 6:8)

Jesús es el nombre que le fue dado a la segunda persona de la Trinidad después de la encarnación (Mt. 1:21). El Dios eterno se encarnó en María, lo que significa que se hizo hombre y habitó en su vientre. Por tal razón María es la madre de Jesús pero María no es la madre de la segunda persona de la Trinidad porque un ser eterno no puede tener madre. La definición de eternidad es: "Sin principio ni fin"; y la eternidad de Jesús ha quedado claramente demostrada. El concilio que se reunió en Éfeso en el año 431 habló de que María fue la portadora de Dios (*Theotokos*) pero no la madre de Dios. En ese caso sería **Mater Theou**. Una interpretación errónea de esta verdad ha dado lugar a que María ocupe un lugar preferencial sobre muchos mortales hasta el punto que hoy la ven como intercesora y hasta como corredentora. Debido a esta confusión es conveniente que revisemos uno de los pasajes en la vida de Jesús a su paso por la tierra y que ha dado lugar a esta controversia.

El relato se encuentra ubicado en el capítulo 2 del Evangelio de Juan en el que se relata una boda celebrada en Caná. En aquella ocasión María le hizo una petición a Jesús y Jesús respondió su petición realizando su primer milagro. Ella intercedió por vino y Él concedió la solicitud. Por ser esta su primera acción milagrosa y por haberla realizado a petición de María y en público, es lo que ha generado tantas controversias y ha dado pie para que se use a María como intercesora ante Dios.

Algunas aclaraciones sobre este primer milagro

- María intercedió ante Jesús porque hasta ese momento ella era la única que conocía su identidad. Por lo tanto, sabía que Él podía realizar ese milagro. El ministerio público de Jesús no se inició hasta que fue bautizado por Juan el Bautista en el río Jordán.
- Jesús contestó la petición de María tal como responde a nuestras peticiones cuando acudimos a Él en oración.
- La respuesta de Jesús a la petición de María en esa ocasión no la convierte en intercesora ante Dios ni la iguala a Jesús. La Biblia afirma que hay un solo mediador entre Dios y los hombres, Cristo Jesús, como establece 1 Timoteo 2:5: "Porque hay un solo Dios, y también un solo mediador entre Dios y los hombres, Cristo Jesús hombre".
- Jesús, al referirse a María, utiliza el término "mujer", no Madre. "Mujer" era un término de respeto usado en ese tiempo y por lo tanto era el término adecuado para ella. Pero al usarlo en público Jesús rompe el lazo familiar, porque quiere dejar establecido que su existencia precedía a María y no estaba supeditado a ella.
- Jesús, en Mateo 12:46-50, establece que su verdadera familia no es la terrenal, porque su dimensión es espiritual y que por lo tanto toda relación afectiva con Él está relacionada a la aceptación y cumplimiento de la voluntad del Padre.

María fue una mujer escogida por Dios, con grandes atributos pero no con cualidades únicas. María a pesar de ser una mujer santa no fue concebida sin pecado, ni vivió sin pecado porque esta cualidad es característica de la divinidad solamente. María entendió perfectamente su condición de pecadora. Por eso en Lucas 1:46-47 ella exclama: "Mi alma engrandece al Señor y mi espíritu se regocija en Dios mi Salvador". María sabía que para su salvación necesitaba un salvador.

Algunos hechos que demuestran la humanidad de Jesús

- Tuvo un desarrollo humano (Lc. 2:50-52)
- Tuvo un cuerpo humano (Mt. 26:12)
- Tuvo hermanos y hermanas (Jn. 2:12; Mt. 13:55-56)

Algunos han dicho que estos "hermanos" pudieran haber sido sus primos pero en estos pasajes la palabra usada en el griego es *adelfo* que era usada de manera usual para referirse a hermanos biológicos. La palabra para primos es *anepsio*, como es usada en Colosenses 4:10 donde se dice que Marcos era primo de Bernabé.

- Experimentó emociones y necesidades humanas como:
—Tristeza (Mt. 26-37)
—Hambre (Lc. 4:2)
—Sueño (Lc. 8:23)
—Cansancio (Jn. 4:6)
—Tentaciones (He. 4:15)

Razones para la encarnación

Revelar al Padre (Jn. 1:18; 14:8-10)

Aunque Dios se reveló en el Antiguo Testamento de diferentes maneras, nunca antes lo hizo de una forma tan personal y tan completa como lo hizo mediante la persona de Jesús. Por eso Juan 1:18 dice: "Nadie ha visto jamás a Dios; el unigénito Dios, que está en el seno del Padre, El le ha dado a conocer".

La encarnación de Jesús hizo posible que Dios, a quien los hombres no podían ver, se revelara de forma que el ser humano lo pudiera conocer de una manera más íntima. La relación del pueblo judío con Dios siempre fue distante y marcada por gran temor. Cristo vino, entre otras cosas, a crear intimidad entre Dios y el hombre y a eliminar el temor que el hombre le tenía a Dios, sin eliminar el respeto por su santidad y majestad.

Éxodo 20:19 dice: "Entonces dijeron a Moisés: Habla tú con nosotros y escucharemos; pero que no hable Dios con nosotros, no sea que muramos". (Vea el texto completo a partir del versículo 18 hasta el final del capítulo).

Al encarnarse, Jesús contribuyó a eliminar esa distancia entre Dios y el hombre y a eliminar el temor que caracterizó la relación de los israelitas con Dios en la época del Antiguo Testamento.

A pagar la deuda del pecado (Ro. 3:23-24; Col. 2:13-14)

Con la caída de Adán y Eva la humanidad quedó marcada por el pecado y desde entonces, todo hombre nace pecador y a su muerte no tiene posibilidad de salvación. Adán contrajo una deuda con Dios al arruinar su creación y esa deuda debía ser pagada por alguien que no tuviera pecado. Solo Cristo podía hacerlo porque solo Él vivió una vida de perfección cumpliendo todas las demandas de la ley.

Colosenses 2:13-14: "Y cuando estabais muertos en vuestros delitos y en la incircuncisión de vuestra carne, os dio vida juntamente con El, habiéndonos perdonado todos los delitos, habiendo cancelado el documento de deuda que consistía en decretos contra nosotros y que nos era adverso, y lo ha quitado de en medio, clavándolo en la cruz.

A reconciliar al hombre con Dios (2 Co. 5:18-19; Ro. 5:1)

La Palabra establece que el hombre ha estado en enemistad con Dios (Ro. 5:10) y Dios en su misericordia decidió poner fin a esa enemistad por medio de su Hijo a quien entregó para el pago de nuestros pecados. Y esto es exactamente lo que la Palabra revela.

2 Corintios 5:18-19: "Y todo esto procede de Dios, quien nos reconcilió consigo mismo por medio de Cristo, y nos dio el ministerio de la reconciliación; a saber, que Dios estaba en Cristo reconciliando al mundo consigo mismo, no tomando en cuenta a los hombres sus transgresiones, y nos ha encomendado a nosotros la palabra de la reconciliación".

A destruir las obras del diablo (1 Jn. 3:8; Ro. 6:14; Ro. 6:22)

En 1 Juan 5:19 se establece que el mundo entero está bajo el poder del maligno. Por lo tanto, Cristo vino precisamente a restaurar lo perdido (Lc. 19:10); a deshacer lo que Satanás había construido como establece 1 Juan 3:8: "El que practica el pecado es del diablo, porque el diablo ha pecado desde el principio. El Hijo de Dios se manifestó con este propósito: para destruir las obras del diablo". Cuando Cristo pagó la deuda, liberó al mundo de la esclavitud del pecado y ofreció salvación mediante su persona.

A dejar un modelo de vida (1 P. 2:21; 1 Jn. 2:6)

Sin nadie que señale el camino, el hombre está perdido y no sabe cómo llegar a Dios. Una vida modelada vale más que cientos de palabras. Cristo modeló la vida que quiere que vivamos.

1 Pedro 2:21: "Porque para este propósito habéis sido llamados, pues también Cristo sufrió por vosotros, dejándoos ejemplo para que sigáis sus pisadas".

Cristo vino a dejarnos un modelo que podamos seguir e imitar y no simplemente una enseñanza escrita. Cristo en su paso por la tierra no solo enseñó, sino que modeló lo enseñado como ninguna otra persona había hecho ni ha podido hacer.

Para servir de Sumo Sacerdote a favor de la humanidad (He. 2:17; 9:11-12)

Dios había establecido en sus ordenanzas que para que los pecados del pueblo pudieran ser perdonados alguien debía ofrecer sacrificios por ellos. Esa era la función del sacerdote y del Sumo Sacerdote en el Antiguo Testamento. Pero ese sacrificio era imperfecto e insuficiente porque "es imposible que la sangre de los toros y de machos cabríos quite los pecados" (He. 10:4). Más adelante Hebreos 10:11-12 agrega: "Y ciertamente todo sacerdote está de pie, día tras día, ministrando y ofreciendo muchas veces los mismos sacrificios, que nunca pueden quitar los pecados; pero El, habiendo ofrecido un solo sacrificio por los pecados para siempre, SE SENTO A LA DIESTRA DE DIOS".

Por lo tanto desde su crucifixión, no ha habido necesidad de ofrecer más sacrificios. En la cruz Él hizo lo que solo Él podía hacer porque ante Dios, el único que podía ofrecerse en sacrificio a favor de los hombres, por su carácter santo, era Jesús.

La encarnación fue un hecho necesario para que Dios mismo, mediante la persona de Jesús, pudiera mostrarse tal cual es; para mostrar su amor, su misericordia y su santidad; para dejar establecido el patrón de conducta santa que Dios espera de cada creyente; para cumplir su propia ley y para revindicar su justicia.

La unión de la naturaleza divina y humana de Jesús

Cristo dejó su gloria por un tiempo y en un acto de sometimiento voluntario aceptó hacerse hombre y cumplir con los propósitos del Padre. "Se despojó" (*kenosis,* de *keeno* que en griego significa vaciar) a sí mismo tal y como lo expresa Filipenses 2:5-8. La frase se despojó a sí mismo hace referencia al abandono de su gloria durante el tiempo de su encarnación pero no a la renuncia de su divinidad. A esta unión se le llama unión *hipostática*. Hipóstasis significa sustancia, naturaleza, esencia. La unión hipostática habla de la unión de sus dos naturalezas, la divina y la humana.

Filipenses 2:5-8: "Haya, pues, en vosotros esta actitud que hubo también en Cristo Jesús, el cual, aunque existía en forma de Dios, no consideró el ser igual a Dios como algo a qué aferrarse, sino que se despojó a sí mismo tomando forma de siervo, haciéndose semejante a los hombres. Y hallándose en forma de hombre, se humilló a sí mismo, haciéndose obediente hasta la muerte, y muerte de cruz".

La encarnación fue un hecho extraordinario que llegó a "afectar" a Cristo para siempre, ya que en los cielos Él continúa hoy poseyendo un cuerpo físico que no poseía antes. Este hecho es tan singular que son muchos quienes no llegan a creerlo porque les resulta incomprensible que Dios se hiciera hombre. Pero esto es precisamente lo que revela su Palabra.

Conclusión

La encarnación de Jesús fue un acontecimiento trascendental en la redención del hombre. Para reestablecer la relación con Dios hacía falta un hombre que representara la raza humana, que pudiera cumplir a la perfección con la ley de Dios y que estuviera dispuesto a morir en sustitución por cada uno de nosotros. Eso solo podía ser llevado a cabo por Dios mismo quien envió a su Hijo en el que se dio la unión de la naturaleza divina y la naturaleza humana. Con relación a esta unión queremos dejar bien en claro cuatro observaciones finales:

1. La adquisición de la naturaleza humana no le restó a su naturaleza divina (Jn. 10:30; Col. 1:19).

2. Al hacerse hombre no perdió atributos divinos sino que ganó atributos humanos.

3. Al encarnarse aceptó limitaciones en sus atributos divinos, limitaciones que podía eliminar con solo proponérselo. Ej.: En Mateo 14:22-27, caminó sobre las aguas pero no siempre hizo esto.

4. Al "despojarse a sí mismo" se vació de sí mismo, lo que significa que por un tiempo renunció a toda su gloria, privilegios y prerrogativas.

Esta unión de la naturaleza divina con la humana ha permanecido hasta el día de hoy. Es por eso que en el cielo Cristo tiene un cuerpo pero un cuerpo glorificado.

Preguntas

1. ¿Qué características de la naturaleza humana se dieron en Jesús?
2. ¿Cuáles de la naturaleza divina?
3. Mencione algunas razones para la encarnación de Jesús.
4. ¿Cuál o cuáles pudieran ser las implicaciones de ver a María como madre de Dios?
5. ¿Cómo podría explicar la coexistencia de la naturaleza divina y la humana de Jesús?

CAPÍTULO 4

JESÚS COMO SALVADOR

> *"Si nuestra mayor necesidad hubiese sido información,*
> *Dios nos hubiese enviado un educador.*
> *Si nuestra mayor necesidad hubiese sido tecnología,*
> *Dios nos hubiese enviado un científico.*
> *Si nuestra mayor necesidad hubiese sido dinero,*
> *Dios nos hubiese enviado un economista.*
> *Si nuestra mayor necesidad hubiese sido placer,*
> *Dios nos hubiese enviado un comediante.*
> *Pero nuestra mayor necesidad era perdón,*
> *Por lo tanto Dios nos envió un Salvador".*
>
> CHARLES SWINDOLL

Una de las frases más escuchadas y tal vez más repetidas por los cristianos y hasta por muchos que no lo son, es que: "Jesús vino a salvar al mundo" (Jn. 3:17). Sin embargo, esta es una de las verdades menos comprendida. Para poder comprenderla a cabalidad habría que responderse primero las siguientes preguntas:

- ¿Qué ocurrió para que el mundo requiriera salvación?
- ¿De qué vino Jesús a salvar al mundo?
- ¿Cuál era la condición del hombre en la tierra para que tuviera que venir Jesús?

- ¿A quién vino a salvar?
- ¿Por qué Él, Jesús, y no otros?

El objetivo de este capítulo es responder a esas interrogantes y abundar un poco sobre la obra de salvación que Jesús vino a realizar.

¿Qué ocurrió para que ahora el hombre tenga que ser salvado?

Adán y Eva fueron el primer hombre y la primera mujer creados por Dios y como tal constituían las cabezas federales de la raza humana. Génesis 1:27 dice que Dios los creó a su imagen y semejanza. Es decir, en santidad; con una mente para pensar; con una voluntad para actuar; con sentimientos y emociones para sentir y con la habilidad para elegir.

Ellos comenzaron con una estrecha relación con Él pero como criaturas creadas estaban sujetas a obediencia. En un momento donde tenían que tomar una decisión cedieron a la tentación de Satanás en el huerto del Edén y desobedecieron, lo que produjo una ruptura en la relación hombre-Dios que tuvo entre otras, dos grandes consecuencias: La muerte física (límite de la vida del hombre en la tierra) y muerte espiritual (separación entre el hombre y su Creador). A partir de ese momento la tierra pasó a ser un "mundo caído" y desde entonces todo ser humano nace con una deuda con Dios al heredar el pecado y por tanto, nace sentenciado a la muerte física y espiritual a menos que esa persona experimente la salvación mediante la persona de Jesús. La historia de esta primera desobediencia aparece registrada en el libro del Génesis, capítulo 3.

Si Adán y Eva que fueron creados en santidad y que no tenían una naturaleza pecadora en sus inicios, no fueron capaces de permanecer libres de pecar, ¿qué posibilidad tiene el ser humano de mantenerse limpio, cuando ya nace marcado por la desobediencia y con una voluntad esclava del pecado? Ninguna. En consecuencia, todo ser humano que no llega a conocer a Cristo como Señor y Salvador, nace y muere en pecado. Para alcanzar salvación cada individuo tiene que ser justificado por Cristo y por lo tanto declarado justo por Él, porque no lo es, ni puede serlo en sí mismo.

Romanos 5:12 dice: "Por tanto, tal como el pecado entró en el mundo por un hombre, y la muerte por el pecado, así también la muerte se extendió a todos los hombres, porque todos pecaron". Esto explica por qué el hombre está necesita salvación.

¿De qué vino Jesús a salvar al mundo?

Un Dios justo no puede tener por inocente al que es culpable desde su nacimiento por haber heredado el pecado de sus antepasados (Éx. 34:7). Su santidad y su justicia perfecta demandan que el pecado no sea pasado por alto. Esa es la razón por la que para satisfacer la justicia de Dios alguien tenía que pagar la deuda que Adán había dejado abierta.

Romanos 6:23 establece que "la paga del pecado es muerte". Ante la presencia de un Dios Santo, Santo, Santo, es inaceptable la existencia del pecado. Jesús viene a salvarnos de la justicia de Dios, que de no haber sido satisfecha en su persona, terminaría enviándonos a todos a la condenación eterna. Cuando Jesús asume esa responsabilidad y va a la cruz y muere en sustitución nuestra, Dios nos libra de su ira (la aplicación de su justicia) según es expresado en Romanos 5:9. De esa manera Dios no tendrá que descargarla sobre nosotros.

Juan 3:36 explica claramente esto que acabamos de explicar: "El que cree en el Hijo tiene vida eterna; pero el que no obedece al Hijo no verá la vida, sino que la ira de Dios permanece sobre él". Es frecuente oír la pregunta, ¿eres tú salvo? Pero lo que la mayoría quizás no entiende es de qué debo ser salvo. Y este último versículo deja ver de manera clara que hay que ser salvo de la ira de Dios que no es más que la aplicación de su justicia.

La condición del hombre después de la caída

La Biblia habla en más de una ocasión de la condición del hombre después de la caída de Adán y Eva. Lo expresa con sentencias muy fuertes pero que aportan una idea clara y convincente de la seriedad del pecado y lo detestable que resulta para Dios. De acuerdo con lo que dice la Palabra, después de la caída, esta es la condición en que quedó el hombre:

- Enemigo de Dios (Ro. 5:10)
- Esclavo del pecado (Ro. 6:17)
- Muerto en delitos y pecados (Ef. 2:1)
- Destituido de la gloria de Dios (Ro. 3:23)
- Con una voluntad esclavizada (2 Ti. 2:26)
- Con una entendimiento entenebrecido (2 Co. 4:4)

A una persona bajo estas condiciones le resulta imposible buscar a Dios y es por eso que Romanos 3:10-12 establece que: "NO HAY QUIEN ENTIENDA" y que "NO HAY QUIEN BUSQUE A DIOS". De hecho, Romanos 8:7 establece que la mente del hombre inconverso "no se sujeta a la ley de Dios, pues ni siquiera puede hacerlo". Así de incapaz es el hombre en su estado natural.

¿A quién vino a salvar Jesús?

Jesús vino a salvar a aquellos que le reciben como Señor y Salvador. De esa forma pasan a ser hijos de Dios. No todo el mundo es hijo de Dios. Todos somos criaturas de Dios porque hemos sido creados por Él. Pero Juan 1:12-13 revela que para llegar a ser hijo de Dios hay que recibir a Jesucristo. Pasar de la condición de criatura de Dios a hijo de Dios requiere una adopción por parte del Padre y una aceptación por parte del hombre. Pablo habla de que somos hijos adoptados dentro de la familia de Dios (Ef. 1:5). Si somos adoptados es porque originalmente no éramos sus hijos legítimos. Pero una vez adoptados, heredaremos lo mismo que heredará su único Hijo legítimo, Cristo. Por eso establece Romanos 8:17 que somos coherederos con Cristo.

Juan 1:12-13: "Pero a todos los que le recibieron, les dio el derecho de llegar a ser hijos de Dios, es decir, a los que creen en su nombre, que no nacieron de sangre, ni de la voluntad de la carne, ni de la voluntad del hombre, sino de Dios".

Esto nos da una idea de quiénes llegan a ser hijos de Dios. La expresión "ni de la voluntad del hombre, sino de Dios" nos habla de que la idea de la salvación no nace en la mente del hombre sino en la mente de Dios. Es Dios quien busca al hombre y le da salvación.

Otras revelaciones del Evangelio de Juan relacionadas con la salvación y la persona de Jesús.

Juan 3:16: "Porque de tal manera amó Dios al mundo, que dio a su Hijo unigénito, para que todo aquel que cree en Él, no se pierda, mas tenga vida eterna".

Juan 3:36: "El que *cree* en el Hijo tiene vida eterna; pero el que no *obedece* al Hijo no verá la vida, sino que la ira de Dios permanece sobre él".

El primero de estos dos versículos, revela que todo aquel que crea en Cristo, recibirá vida eterna pero Juan 3:36 revela que el que rechaza al Hijo, la: "ira de Dios permanece sobre él". Esto así porque la ira de Dios, que representa su justicia y la condenación, pesa sobre el hombre desde la caída de Adán y Eva. De manera que Cristo no viene a condenar el mundo porque ya el mundo había sido condenado. Cristo vino a salvar el mundo que en Génesis 3 ya había quedado bajo la maldición de Dios. Este último versículo también nos deja ver que hay una relación estrecha entre creer y obedecer. Cuando verdaderamente he creído, eso se traduce en obediencia a las enseñanzas de Jesús, porque *"el que no obedece al Hijo no verá la vida"*. La palabra *creer* en el Evangelio de Juan implica mucho más que una simple afirmación de Cristo como Señor; implica obediencia a sus mandatos y ordenanzas.

Juan 3:1-8: Revela lo que significa: "nacer de nuevo". El hombre en sentido general está muerto espiritualmente como consecuencia del pecado (Ef. 2:1). Por lo tanto para poder entrar al reino de los cielos, necesita volver a vivir porque un muerto espiritual no puede llegar a la presencia de Dios. El paso de la muerte a la vida ocurre como obra de Dios, lo cual resulta en el recibimiento de Cristo como Señor y Salvador. El día que una madre da a luz se nace de forma física, pero el día que Cristo viene a la vida de una persona, la misma nace espiritualmente. De ahí la expresión de que se necesita nacer de nuevo. La obra meritoria de Cristo es la que le permite al hombre nacer de nuevo al ser regenerado por el Espíritu de Dios.

En **Juan 8:32-34** encontramos la expresión: "y conoceréis la verdad, y la verdad os hará libres"; A lo que ellos contestaron: "Somos descendientes de Abraham y nunca hemos sido esclavos de nadie. ¿Cómo dices tú: 'Seréis libres'? Jesús les respondió: En verdad, en verdad os digo que todo el que comete pecado es esclavo del pecado".

Este pasaje revela que el hombre no es libre, que el pecado le esclaviza. Dos versículos más adelante (v. 36), expresa que aquel a quien el Hijo libertare, ése sería verdaderamente libre. Quien liberta es Cristo y el que tiene que ser liberado es el hombre porque antes de venir a Cristo, no lo es. La Palabra dice que el hombre no salvo es esclavo del pecado según vimos en el texto de más arriba (Jn. 8:34).

Hechos 4:12 aclara y amplifica: "Y en ningún otro hay salvación, porque no hay ningún otro nombre bajo el cielo dado a los hombres, en el cual podamos ser salvos". El veredicto de Cristo sobre todo aquel que quiere entrar por otro camino al reino de los cielos, es fuerte: "EN VERDAD, en verdad os digo: el que no entra por la puerta en el redil de las ovejas, sino que sube por otra parte, ése es el ladrón y salteador" (Jn. 10:1). Es ladrón porque quiere robarle la gloria a Dios y salteador porque asalta la mente del hombre con el fin de que no obtenga libertad y vida eterna.

¿Por qué Él, Jesús, y no otros?

Dios, por amor, quiso restaurar con el hombre la relación que se había perdido. Pero había una deuda de pecado pendiente que solamente alguien que no tuviera pecado podía pagar. Toda deuda o delito debe ser pagado de una forma que el pago sea congruente con la pérdida. Si se echa a perder un carro, ese daño no puede pagarse con una bicicleta porque el pago no sería congruente con lo dañado. Lo que Adán había arruinado era la obra de Dios, un hombre perfecto. Por lo tanto, solo otro hombre perfecto y que cumpliera a cabalidad con su ley, podía restaurar lo arruinado. Jesús, vino al mundo y asumió como suyos los pecados de todos. 2 Corintios 5:21 dice: "Al que no conoció pecado, le hizo pecado por nosotros, para que fuéramos hechos justicia de Dios en Él". En la cruz derramó su sangre por nuestros pecados y la deuda quedó saldada. Consumado es, dijo en la cruz. En el griego, la palabra es *tetelestai* que era un término comercial que se usaba cuando una deuda quedaba pagada por completo.

Cuando Cristo dijo *tetelestai*, ¿qué fue realmente lo que terminó o qué fue realmente lo que Él había terminado? Porque aún estamos en este mundo bajo las consecuencias del pecado.

Con esta palabra Cristo nos dejaba ver que la enemistad entre Dios y el hombre había terminado. Lo que había mantenido al hombre y a Dios separados había llegado a su fin porque por un lado Jesús había satisfecho todos los requisitos de la ley de Dios y por otro lado la deuda que el hombre tenía con Dios había sido saldada. De enemigo a amigo. A esto llamamos reconciliación: de enemigo a amigo (Ro. 5:10). La reconciliación se hace posible por medio de la cruz (Col. 2:13-14). Dios ya no tiene nada contra nosotros (Ro. 8:1).

Como la deuda quedó saldada, nuestras obras no pueden contribuir en nada a nuestra salvación por dos razones:

1. Ya Cristo pagó todo cuanto había que pagar.
2. Si mis obras contribuyeran a mi salvación, harían insuficiente

el sacrificio de Cristo. Las obras deben ser una evidencia de mi salvación y no un requisito para obtener salvación. Además Isaías 64:6 establece que aun nuestras mejores obras son como trapos de inmundicia cuando son examinadas a la luz de la justicia perfecta de Dios.

Juan 1:29 llama a Jesús: "el Cordero de Dios que quita el pecado del mundo".

Así es llamado Jesús en el Nuevo Testamento porque a eso vino. Durante el período del Antiguo Testamento Dios había dispuesto que el hombre sacrificara corderos sin defectos físicos y derramara su sangre para el perdón de sus pecados, como una forma de preparar el camino para la venida de su Hijo, el cordero perfecto. Solo Él por haber vivido una vida sin pecado, podía satisfacer la justicia de Dios.

Los corderos sacrificados en el Antiguo Testamento solo cubrían temporalmente los pecados del hombre pero no podían limpiar su conciencia como establece Hebreos 10:11-12 y por esta razón se hizo necesario la venida de Jesús quien murió en nuestro lugar.

Hebreos 10:11-12: "Y ciertamente todo sacerdote está de pie, día tras día, ministrando y ofreciendo muchas veces los mismos sacrificios, que nunca pueden quitar los pecados; pero El, habiendo ofrecido un solo sacrificio por los pecados para siempre, SE SENTO A LA DIESTRA DE DIOS".

Para mayor información sobre ésta pregunta de por qué Jesús y no otros dioses, referimos al lector al capítulo 15 de este libro.

Conclusión

- El hombre nace en pecado por ser descendiente de dos individuos que pecaron contra Dios y que en consecuencia adquirieron una naturaleza pecadora.
- El pecado con el que nace lo condena.
- El hombre al nacer es criatura de Dios pero no hijo legítimo.
- El pecado le ha robado la libertad al hombre al nacer con una voluntad esclavizada.

- Las obras del hombre, aun sus mejores obras, no pasan el escrutinio de la justicia perfecta de Dios.
- Dios conociendo esto, envió a su Hijo quien vivió una vida perfecta en conformidad con la ley de Dios. Esto lo calificó para ir a la cruz y morir en nuestro lugar de manera que en la cruz Dios Padre trató al Hijo como si Él hubiese vivido mi vida para que cuando yo le reciba, yo pueda ser tratado como si yo hubiese vivido la suya.

Preguntas

1. ¿Por qué el hombre necesita un salvador?

2. Cuando una persona cuestiona a otra acerca de su salvación, ¿a qué se refiere? ¿De qué tiene esa persona que ser salvada?

3. De acuerdo a lo estudiado en este capítulo, ¿quiénes llegan a ser hijos de Dios?

4. ¿Por qué tuvo Dios Padre que enviar a su Hijo?

5. ¿Por qué Jesús y no otra persona?

CAPÍTULO 5

JESÚS COMO SIERVO

"La medida de un hombre no es cuántos siervos tiene, sino a cuántos hombres él sirve".

D. L. MOODY

Muchos hechos llaman de manera poderosa la atención en la vida de Jesús, pero quizás uno de los aspectos más destacados fue su vida de servicio, sobretodo si se considera que Él es el Creador y aún así se dispuso a servir a la criatura. Cuando se piensa que el Dios del universo, el que sustenta todo con el poder de su Palabra, fue capaz de llegar a arrodillarse para lavar los pies de sus discípulos, esto es algo que va más allá de lo que la mente y el corazón humano pueden asimilar.

Juan 13:1-17

Sin lugar a dudas su ejemplo de servicio más conocido es el relato en el Evangelio de Juan, capítulo 13. En este capítulo se narra un episodio en el que Jesús terminó lavando los pies de sus discípulos y ocurrió en una cena de pascua que celebrara con los mismos discípulos horas antes de su crucifixión. Existía la costumbre en esa época de que cuando una persona adinerada tenía invitados a su casa, los siervos, al entrar los invitados, les lavaran los pies. Si no había siervos, el mismo anfitrión debía hacerlo. Pero si el lugar elegido para la cena era prestado, como sucedió en este caso, el primero en llegar era quien debía hacerlo. Esto era debido a que las calles de ese entonces eran muy polvorientas y se consideraba inapropiado sentarse a la mesa con los pies sucios.

De acuerdo con lo que se lee en este pasaje, ninguno de los discípulos tuvo la suficiente humildad de corazón para lavar los pies de los demás, ni siquiera los de Jesús a quien consideraban el Maestro. Después de tres años y medio de andar con Él, de ver su ejemplo y recibir sus enseñanzas, a escasamente 12 o 16 horas de la crucifixión, los discípulos aún no habían aprendido la lección de servicio modelada por Él.

Jesús "sabiendo... que su hora había llegado" (Jn. 13:1), la hora de glorificar al Padre por medio de la cruz, quiso dejarles entonces antes de partir, el mayor de sus ejemplos: El servicio.

Tres cosas llaman la atención en este pasaje de Juan

1. La actitud de servicio de Jesús (vv. 3-5).
2. La actitud de Pedro al negarse a que Jesús le lavara los pies (vv. 6-9).
3. La disposición de Jesús de lavar los pies, aun del traidor (vv. 10-11).

Seis enseñanzas importantes se derivan de estas observaciones

A. Quien no sabe dar no sabe recibir (v. 8)

Por lo general la persona que no sabe recibir es debido a su orgullo y ese orgullo, que no le permite recibir de otro, es el mismo orgullo que le impide dar, porque muchas veces piensa que ese otro no es merecedor de lo dado. Pedro tuvo que aprender ambas cosas: Dar y recibir.

Juan 13:8: "Pedro le contestó: ¡Jamás me lavarás los pies! Jesús le respondió: Si no te lavo, no tienes parte conmigo".

El siervo humilde es aquel que no se avergüenza de ninguna de las tareas que le tocan hacer y esta es la razón por la que encontramos a Jesús de rodillas lavando los pies de sus discípulos.

B. La humildad no es señal de debilidad (v. 5)

A nivel de la sociedad siempre se ha visto la humildad como una condición de debilidad ya que el siervo humilde no es contencioso al creer que él nunca tiene nada que probar ni nada que ocultar. En realidad la palabra humildad más bien significa fortaleza bajo control. Jesús fue el mejor ejemplo de lo que esto significa.

Juan 13:5: "Luego echó agua en una vasija, y comenzó a lavar los pies de los discípulos y a secárselos con la toalla que tenía ceñida".

C. La verdadera humildad sirve sin favoritismo (vv. 10-11)

El siervo humilde no elige a quien servir, sino que sirve porque eso es parte de su naturaleza; ese siervo es libre de prejuicios y por eso su libertad le permite servir a todos por igual. Toda la vida de Jesús fue un ejemplo de lo que esto significa.

Juan 13:10-11: "Jesús le dijo: El que se ha bañado no necesita lavarse, excepto los pies, pues está todo limpio; y vosotros estáis limpios, pero no todos. Porque sabía quién le iba a entregar; por eso dijo: No todos estáis limpios".

D. Para servir no hay grado ni posición (v. 14)

El más maduro en la fe es quien debe dar el ejemplo. Solo la persona madura poseerá el fruto del Espíritu para servir como Dios manda. En este caso el Creador sirvió a la criatura.

Juan 13:14: "Pues si yo, el Señor y el Maestro, os lavé los pies, vosotros también debéis lavaros los pies unos a otros".

E. Jesús espera que sirvamos como Él sirvió (v. 15)

El que sirve como Jesús no cuestiona ni el servicio ni a quién le sirve porque su servicio no tiene que ver con la persona, sino con Dios que es a quien él sirve.

Juan 13:15: "Porque os he dado ejemplo, para que como yo os he hecho, vosotros también hagáis".

F. El gozo y las bendiciones del creyente dependen de su vida de servicio (v. 17)

Personas llenas del gozo del Señor son verdaderos siervos. Es imposible estar lleno de su gozo sin un corazón de siervo.

Juan 13:17: "Si sabéis esto, seréis felices si lo practicáis".

Toda la vida de Jesús es un modelo de servicio y humildad

Filipenses 2:5-8: Se despojó de su gloria para encarnarse y traernos salvación.

Lucas 2:1-7: Nació en un pesebre atendido únicamente por sus padres terrenales.

Juan 13:13-15: Nunca le pidió a sus discípulos que hicieran algo que Él no hubiese hecho primero como muestra su vida descrita en los Evangelios.

Lucas 19:28-35: Entró a Jerusalén montado sobre un burro y no en un caballo que era lo usual para la realeza. William Barclay en sus comentarios sobre los Evangelios explica que en esa época el venir montado sobre un burro fue símbolo de venir en son de paz. En esa época el caballo se usaba para la guerra. Y Jesús en su primera venida trajo un mensaje de paz y no de guerra y se propuso reconciliar al hombre con Dios.[3]

---

3. Curiosamente el libro de Apocalipsis describe la segunda venida de Cristo cuando Él regresa a traer juicio sobre la tierra. En esa ocasión se describe a Cristo viniendo sobre un caballo blanco y no sobre un burro. Esto coincide con lo explicado por Barclay.

Jesús como siervo 51

Juan 13:1-7: Lavó los pies de aquellos que luego le abandonarían aún sabiendo que lo harían.

Isaías 53:7: Fue a la cruz como oveja al matadero, sin abrir ni siquiera su boca.

En una sola frase pronunciada por Jesús se encuentra su modelo de liderazgo: "el Hijo del Hombre no vino a ser servido, sino para servir" (Mt. 20:28). Su vida de servicio honró tanto al Padre que en Filipenses 2:9-11 el apóstol Pablo dice que el Padre le dio un nombre sobre todo nombre "para que en el nombre de Jesús se doble toda rodilla de los que están en los cielos, y en la tierra, y debajo de la tierra; y toda lengua confiese que Jesucristo es el Señor, para gloria de Dios Padre" (RVR).

Lo anterior enseña que

- No hay exaltación sin humillación; la encarnación primero y la glorificación después.
- No hay gloria sin sufrimiento; la cruz y luego la gloria.
- No hay corona sin cruz; primero el servicio y luego la corona.

Servir como Jesús sirvió requiere

- Una actitud de humildad (Fil. 2:5-6)
- Una mente obediente (Jn. 5:30; 6:38; 8:50)
- Disposición de servicio (Jn. 13)
- Fidelidad (Jn. 2:13-17)
- Valor (Jn. 18:4-6)
- No ser contencioso (Mt. 27:12-14)
- Mansedumbre (Mt. 11:29-30)

A continuación aparece una breve descripción de cada una de estas actitudes.

Una actitud de humildad y una mente obediente

Las luchas y divisiones surgen porque el hombre no muere a sí mismo como lo hizo Jesús. La vida de obediencia se hace difícil porque el cristiano rehúsa "matar el yo" y es ese "yo" el que mantiene la lucha de manera continua. El yo está caracterizado por una actitud de orgullo y no de humildad. Ese orgullo es lo que se rebela y lleva a la desobediencia. Esto obviamente no estuvo en el corazón de Jesús. Una vez el "yo" muere, la vida cristiana se hace fácil y deja de ser una batalla, como lamentablemente lo es, para una gran cantidad de sus ovejas. Es entonces cuando su yugo se hace fácil y su carga ligera (Mt. 11:29-30).

Disposición de servicio

El verdadero servicio no es tanto la realización de una tarea, sino la disposición que se tiene al realizar dicha tarea. Podemos servir de acción y no servir de corazón; el servicio hecho sin la disposición interna del corazón no cuenta para Dios. El hombre mira lo externo, pero Dios mira el corazón (1 S. 16:7).

Fidelidad

Es la cualidad de honrar nuestros compromisos y la palabra que damos. Es la habilidad de mantenerse en el camino sin distracción y sin mirar hacia los lados preguntándonos si habrá otro camino u otra forma. Esta es una cualidad indispensable para el siervo. En la parábola de los talentos en Mateo 25:14-30, el amo felicitó al siervo por hacer buen uso de los recursos entregados y estas fueron sus palabras: "Bien, siervo bueno y fiel; en lo poco fuiste fiel, sobre mucho te pondré; entra en el gozo de tu señor". Aun aquí en la tierra nuestro gozo muchas veces depende de nuestra fidelidad hacia Dios.

Valor

El ministerio y la vida en sentido general tienen situaciones capaces de amedrentar a muchos. El valor no puede depender de la carne; de hecho la carne se amedrenta muy fácilmente. El valor es el resultado de tener la confianza puesta en Dios reconociendo que Romanos 8:31 dice que: "Si Dios por nosotros, ¿quién contra nosotros?" (RVR). Y esta actitud valiente es reforzada más adelante en 2 Timoteo 1:7 cuando dice: "Porque no nos ha dado Dios espíritu de cobardía, sino de poder, de amor y de dominio propio".

No ser contencioso / mansedumbre

Esto resulta de manera natural cuando nuestro orgullo ha sido aplastado y la humildad cultivada. La mansedumbre va siempre de la mano con el hecho de no ser contencioso, porque mansedumbre es la sensibilidad que poseen aquellos que no son capaces de herir al otro; que no tienen prejuicios en su corazón; tampoco ira, ni tampoco raíces de amargura.

La vida de servicio de Jesús nos enseña

1. Que ninguna tarea es tan pequeña como para que yo no pueda hacerla (Jn. 15:20).
2. Que el mejor adorno de la enseñanza es una vida de servicio (Mt. 20:28).
3. Que el servicio no es una opción (Jn. 13:14).
4. Que "la rama con más frutos es la que más se dobla hacia abajo".[4]
5. Que el servir no me rebaja, sino que al contrario, me hace ganar respeto.
6. Que el orgullo nunca sirve; es la humildad la que sabe hacer eso.

---

4. Chuck Swindoll, en una de sus alocuciones.

7. Que no servimos más, porque no amamos más ni a Dios, ni a los demás.

Conclusión: La vida de Jesús me llama a servir

Durante toda su vida Jesús modeló cada uno de los principios enumerados más abajo, a pesar de ser el maestro. No se trata de quién es el siervo y quién es el amo. En la vida cristiana se trata solo de Dios y de la mejor manera de honrarlo y glorificarlo. Por eso un verdadero siervo no pregunta a quién le toca hacer algo, sino, que habiéndose percatado de la necesidad, acude al lugar para llenar dicha necesidad.

- Dios nos ha llamado a una vida de servicio por varias razones. Una de ellas es que para servir yo necesito morir a mí mismo y esa muerte contribuye a destruir el orgullo con el cual todos hemos nacido.
- La vida de servicio me permite vivir centrado en el otro y por lo tanto me ayuda a salir de mí mismo con lo cual Dios me ayuda a destruir mi egocentrismo.
- Para llevar una vida de servicio necesito renunciar a mis derechos y esto inmediatamente reduce el número de conflictos entre las personas.
- El servir me ayuda a entender que no se trata de mí, sino de Dios y por lo tanto me impulsa a modelar la vida cristiana de una forma que represente a Dios.
- Un verdadero siervo no toma en cuenta sus privilegios, sino sus responsabilidades.
- Un verdadero siervo raramente se ofende porque él reconoce que no tiene nada que perder ni nada que probar.

Preguntas

1. ¿Cuáles enseñanzas se pueden obtener de la actitud de servicio de Jesús?

2. ¿De qué manera contribuye la vida de servicio a formar la imagen de Cristo en nosotros?

3. ¿Qué cosas pueden impedirme mi vida de servicio?

4. ¿Cómo se puede poner en práctica en su vida cotidiana el servicio modelado por Jesús? Escriba algunas ideas y póngalas en práctica esta misma semana.

5. Cite algunas aptitudes que la vida de servicio de Jesús nos enseña.

Capítulo 6

JESÚS COMO PROFETA, SACERDOTE Y REY

Jesús es llamado Príncipe de paz. "Nuestro problema es que queremos la paz sin el Príncipe".

ADDISON LEITCH

Las profecías del Antiguo Testamento anuncian a la persona de Jesús no solo como el Mesías que había de venir, sino también en sus diferentes oficios de profeta, sacerdote y rey. Dentro del pueblo judío había tres funciones u oficios claramente identificados:

- **Profeta:** Alguien elegido por Dios para hablarle al pueblo de parte de Dios.
- **Sacerdote:** Alguien descendiente de Leví que le hablaba a Dios de parte del pueblo.
- **Rey:** Idealmente era alguien ungido por Dios (Saúl, David) para gobernar la nación.

De acuerdo con la Palabra de Dios, Jesús vino a llenar esas tres funciones a la vez.

Jesús como profeta

La función número uno del profeta no era revelar el futuro, lo cual sería una función secundaria, sino exponer la voluntad de Dios y en ese sentido Jesús fue un gran profeta; de hecho no fue solo un gran profeta, sino que ha sido el más grande de todos los profetas. Aunque Jesús hizo predicciones acerca del futuro, Él vino principalmente a traer al pueblo un mensaje de parte de Dios: el mensaje de salvación y por lo tanto podemos decir con propiedad que Él ejerció la función de profeta.

Una y otra vez Jesús afirmó que Él no había venido ni hablaba en su propio nombre. Durante su ministerio en la tierra, siempre le habló al hombre de parte de Dios Padre. Los siguientes versículos lo atestiguan:

Juan 5:19

"Por eso Jesús, respondiendo, les decía: En verdad, en verdad os digo que el Hijo no puede hacer nada por su cuenta, sino lo que ve hacer al Padre; porque todo lo que hace el Padre, eso también hace el Hijo de igual manera".

Juan 14:10

"¿No crees que yo estoy en el Padre, y el Padre en mí? Las palabras que yo os digo, no las hablo por mi propia cuenta, sino que el Padre que mora en mí es el que hace las obras".

Juan 5:36

"Pero el testimonio que yo tengo es mayor que el de Juan; porque las obras que el Padre me ha dado para llevar a cabo, las mismas obras que yo hago, dan testimonio de mí, de que el Padre me ha enviado".

Juan 7:16

"Jesús entonces les respondió y dijo: Mi enseñanza no es mía, sino del que me envió".

El pueblo de Israel había tenido diferentes profetas pero ellos esperaban a uno especial, superior a los anteriores porque así le había sido prometido. Le llamaban: "El Profeta", no uno más, sino el profeta esperado. Le esperaban con tanta seguridad porque le había sido prometido y ellos confiaban en la promesa de Dios.

Moisés escribió en Deuteronomio 18:18-19 lo siguiente: "Un profeta como tú levantaré de entre tus hermanos y pondré mis palabras en su boca...mis palabras que él ha de hablar en mi nombre". Este profeta sería Jesús.

No cualquier persona podía hacer las veces de profeta porque había ciertos requisitos que llenar:

Tres condiciones para calificar como profeta

1. *El profeta tenía que ser elegido y enviado por Dios.* Jesús lo fue; 38 veces se menciona en el Evangelio de Juan que Jesús fue enviado por Dios.

Juan 12:49: "Porque yo no he hablado por mi propia cuenta, sino que el Padre mismo que me ha enviado me ha dado mandamiento sobre lo que he de decir y lo que he de hablar".

2. *El profeta tenía que revelar la voluntad de Dios.* Esa era su función primordial y Jesús lo hizo, tal como lo revelan los versículos siguientes:

Juan 6:38-40: "Porque he descendido del cielo, no para hacer mi voluntad, sino la voluntad del que me envió. Y esta es la voluntad del que me envió: que de todo lo que El me ha dado yo no pierda nada, sino que lo resucite en el día final. Porque esta es la voluntad de mi Padre: Que todo aquel que ve al Hijo y cree en El, tenga vida eterna, y yo mismo lo resucitaré en el día final".

3. *El profeta tenía que ser infalible al hablar en nombre de Dios*, como leemos más abajo.

Deuteronomio 18:20-22: "Pero el profeta que hable con presunción en mi nombre una palabra que yo no le haya mandado hablar, o que hable en el nombre de otros dioses, ese profeta morirá. Y si dices en tu corazón: ¿Cómo conoceremos la palabra que el SEÑOR no ha hablado? Cuando un profeta hable en el nombre del SEÑOR, si la cosa no acontece ni se cumple, ésa es la palabra que el SEÑOR no ha hablado; con presunción la ha hablado el profeta; no tendrás temor de él".
Jesús fue infalible al hablar. En Mateo 24:35, Jesús afirma que el cielo y la tierra pasarán, pero que sus palabras no pasarán. Sus palabras fueron y permanecen infalibles. Jesús mismo afirmó que Él era profeta (Lc. 4:24; 13:33; Jn. 4:44) y el pueblo mismo reconoció, además, la misión profética de Jesús (Jn. 6:14; 7:40; Mt. 21:10-11).

Aplicaciones prácticas

En el día de hoy son muchos los que se levantan y se autodenominan profetas sin nunca haber sido ungidos por Dios como tales y sin tener la habilidad de hablar infaliblemente de parte de Dios como hicieron los profetas del Antiguo Testamento. Cuando alguien que se denomina profeta hace una profecía, esta debiera ser anotada para luego comprobar si se cumple al pie de la letra como lo estipula Deuteronomio 18:20-22; y si no ocurre así puede probarse que ese "profeta" ha hablado con presunción y por lo tanto ha hablado de manera falsa.

Jesús como sacerdote

Desde el Antiguo Testamento Dios instituyó la función sacerdotal con el objetivo de que el sacerdote representara al pueblo delante de Dios y que le hablara a Él en representación del pueblo. En principio esta función le fue dada a Aarón, hermano de Moisés, como sumo sacerdote tal como aparece en Números 18:1 pero luego le fue dada también a los levitas, tribu a la que pertenecía Aarón (Nm. 18:2).

Números 18:2: "Mas también a tus hermanos, la tribu de Leví, la tribu de tu padre, haz que se acerquen para que se junten contigo y te sirvan, mientras que tú y tus hijos contigo estéis delante de la tienda del testimonio".

El sumo sacerdote escogido por Dios (He. 5:1-4), tenía la santa tarea de ofrecer sacrificio por el perdón de los pecados del pueblo. Él era el único que podía entrar al lugar santísimo y esto lo hacía una vez al año, el día de la expiación (Lv. 16). Pero para hacerlo tenía primero que purificarse ofreciendo un sacrificio por sus propios pecados.

Cristo, por ser santo en su misma esencia, pudo llevar una vida santa en la tierra y por lo tanto entrar a la presencia misma del Dios Altísimo y ofrecer su propia vida en sacrificio por los pecados de todos. De este modo ejerció la función de sacerdote. Una de las diferencias del sacerdocio de Cristo con los sacerdotes del Antiguo Testamento es el hecho de que Cristo no tuvo nunca que ofrecer sacrificios por sus propios pecados, porque Él nació, vivió y murió sin pecado.

Otra diferencia del sacerdocio de Jesús es que no era descendiente de Leví como debían ser todos los sacerdotes, sino que fue sacerdote descendiente de la tribu de Judá. Por esta razón la carta a los hebreos dice en 5:6: "TU ERES SACERDOTE PARA SIEMPRE SEGUN EL ORDEN DE MELQUISEDEC". Melquisedec se menciona en el Antiguo Testamento como sacerdote del Dios Altísimo a quien Abraham le pagara el diezmo como señal de reconocimiento de la superioridad del uno sobre el otro (Gn. 14:17-24). No se habla de su genealogía ni tampoco se sabe nada de su muerte. Establecido por lo tanto, como sacerdote sin principio ni fin. De ahí que el sacerdocio de Jesús sea comparable con el de Melquisedec, primero porque no perteneció a la tribu de Leví de la cual descendían los sacerdotes, como tampoco perteneció Melquisedec pero además, porque al igual que en el caso de Melquisedec, del sacerdocio de Cristo se puede decir que no tuvo principio ni fin. Él siempre ha sido el mismo desde toda la eternidad.

Algo que tipificaba y apuntaba de manera perfecta bien hacia el sacerdocio de Cristo, era el ritual que se realizaba el día de la expiación en el templo judío. **Levítico 16** describe cómo el sumo sacerdote del Antiguo Testamento, antes de entrar al lugar santísimo, el Día de la expiación, debía despojarse de sus ropas sacerdotales (el pectoral), simbólicas de gloria, y quedarse solamente con una túnica de lino blanco como símbolo de pureza (el efod). Así había sido dictaminado por Dios. Luego, al salir de dicho lugar el volvía a colocarse de nuevo el pectoral. El pectoral tenía entre otras cosas doce piedras preciosas representando las doce tribus de Israel. Esta vestimenta representaba en gran manera la Gloria de la figura sacerdotal. ¿Por qué es esto importante? Por lo que vemos en los siguientes pasajes.

Filipenses 2:5-9 habla de cómo Cristo al encarnarse se despojó de su gloria y **Hebreos 9:11** nos habla de Cristo como el Sumo Sacerdote. Esto concuerda con lo que el sacerdote del Antiguo Testamento hacía el día de la expiación. Cuando el sumo sacerdote se despojaba de sus ropas sacerdotales, estaba tipificando a Cristo quien al venir a la tierra se despojaría de su gloria. Al quedarse el sumo sacerdote solo con una túnica de lino blanco para ofrecer sacrificio, estaba tipificando la santidad de Cristo al vivir y morir sin pecado, quien al final de su vida, ofrecería un sacrificio (su propio cuerpo crucificado) sin mancha (He. 9:14). Luego, cuando el sumo sacerdote, después de ofrecer sacrificio volvía a vestirse con sus ropas sacerdotales el día de la expiación, estaba tipificando de nuevo a Cristo, quien después de morir volvería al Padre para ser investido de nuevo con toda su gloria. De ese modo, Jesús en el Calvario pasó a ser nuestro gran Sumo Sacerdote.

Romanos 8:34 habla de que Él está sentado a la derecha del Padre intercediendo por nosotros y esa es una función sacerdotal. En la cruz, de una forma muy singular, Cristo pasó a ser el sacrificio y el sacerdote a la vez al ofrecerse a sí mismo. El sacerdocio de Cristo puso fin al sacerdocio del Antiguo Testamento. En el momento en que Cristo muere en la cruz, el velo del templo que separaba el lugar santo del lugar santísimo se rasgó en dos (Mt. 27:51) y de esta forma el lugar santísimo, que representaba la presencia de Dios, quedó expuesto simbolizando que Cristo había abierto el acceso al Padre, a través de su persona.

En lo adelante ya no habría necesidad de ir ante el sacerdote terrenal a confesar nuestros pecados porque tenemos un mejor sacerdote quien está a la derecha del Padre y quien intercede ante Él por todos aquellos que se acercan con un corazón contrito y humillado. El libro de Hebreos explica en los capítulos 8 y 9 cómo Cristo es mediador de un mejor pacto que el establecido en el Antiguo Testamento con mejores promesas. Su sacrificio nos da confianza para acercarnos al trono de la gracia como explica este pasaje:

Hebreos 10:19-23: "Entonces, hermanos, puesto que tenemos confianza para entrar al Lugar Santísimo por la sangre de Jesús, por un camino nuevo y vivo que El inauguró para nosotros por medio del velo, es decir, su carne, y puesto que tenemos un gran sacerdote sobre la casa de Dios, acerquémonos con corazón sincero, en plena certidumbre de fe, teniendo nuestro corazón purificado de mala conciencia y nuestro cuerpo lavado con agua pura. Mantengamos firme la profesión de nuestra esperanza sin vacilar, porque fiel es el que prometió".

Jesús como rey

Desde el Antiguo Testamento (2 S. 7:12-13). Dios había anunciado al pueblo judío un rey descendiente del linaje de David, cuyo reinado sería eterno, algo que Dios confirma de nuevo en Isaías 9:7: "El aumento de su soberanía y de la paz no tendrán fin sobre el trono de David y sobre su reino, para afianzarlo y sostenerlo con el derecho y la justicia *desde entonces y para siempre*. El celo del SEÑOR de los ejércitos hará esto".

En el Nuevo Testamento, en **Lucas 1:26-32,** Dios anuncia a María por medio del ángel Gabriel que el hijo que ella iba a tener ocuparía el trono de David y que sería un rey eterno porque su reinado no tendría fin. Esta promesa representaba el cumplimiento de algo que ya había sido profetizado en el Antiguo Testamento y que se refería al reinado de Jesús.

Lucas 1:26-32: "Y al sexto mes, el ángel Gabriel fue enviado por Dios a una ciudad de Galilea llamada Nazaret, a una virgen desposada con un hombre que se llamaba José, de los descendientes de David; y el nombre de la virgen era María. Y entrando el ángel, le dijo: ¡Salve, muy favorecida! El Señor está contigo; bendita eres tú entre las mujeres. Pero ella se turbó mucho por estas palabras, y se preguntaba qué clase de saludo sería éste. Y el ángel le dijo: No temas, María, porque has hallado gracia delante de Dios. Y he aquí, concebirás en tu seno y darás a luz un hijo, y le pondrás por nombre Jesús. Este será grande y será llamado Hijo del Altísimo; y el Señor Dios le dará el trono de su padre David".

En **Juan 18:36-37,** Jesús mismo se revela como Rey; algo que se reconfirma en Apocalipsis 15:3 donde Cristo es nombrado como el Rey de reyes. Mirando hacia atrás en la historia de Israel, los reyes gobernaban de forma suprema y soberana, a pesar de que no llenaban las condiciones para reinar de esa forma. Jesús es Supremo y Soberano, y tiene las condiciones para gobernar de esa forma: Con santidad y poder absoluto. Su reinado fue inaugurado con su venida a la tierra, pero aún no ha sido completado.

Muchos son los que se quejan por las condiciones de maldad imperantes en el mundo y llegan incluso a cuestionar la benevolencia de Dios. Debemos recordar que el reinado de Cristo fue inaugurado pero no ha sido completado. Poner en tela de juicio la gestión de Dios sobre la tierra es como cuestionar a un presidente recién inaugurado su período de gobierno por no haber completado su programa.

En un sentido, el reinado de Cristo comenzó en nuestros corazones al recibirle como Señor y Salvador pero llegará un momento en que habrá la instauración de un reino por mil años aquí en la tierra presidido por Cristo (Ap. 20:6) y entonces veremos su gloria y la reivindicación de su justicia.

Conclusión

Como profeta Jesús reemplazó a Moisés y vino a cumplir la profecía hecha por Moisés en Deuteronomio 18:20-22. La función de profeta fue asumida por Cristo después de ser bautizado en el Jordán, cuando Él comenzó a proclamar las buenas nuevas del reino de los cielos.

Como sacerdote, Cristo reemplazó a Aarón y sus descendientes. Cristo asumió esta función sacerdotal el día de su crucifixión a la hora de ofrecer su cuerpo como sacrificio y desde su ascensión ha estado sentado a la derecha del Padre intercediendo por nosotros.

Como rey, reemplazó a David y su reinado se convirtió en un reinado eterno. Por eso Jesús es llamado en Apocalipsis 19:16, Rey de reyes y Señor de señores. Él asumió esta función cuando se sentó a la diestra del Padre. Su reinado alcanzará su máxima expresión cuando someta a todos sus enemigos e instaure su reinado aquí en la tierra según se ve en Apocalipsis 20.

Preguntas

1. ¿En que sentido decimos que Jesús mientras estuvo en la tierra ejerció la función de profeta?

2. ¿En qué forma es Jesús nuestro Sumo Sacerdote?

3. Mencione algunas diferencias entre el sacerdocio de Jesús y el sacerdocio que ejerció Aarón.

4. ¿Fue anunciado el reinado de Jesús? ¿Cuándo fue inaugurado su reinado?

5. En el Antiguo Testamento, aparecen figuras prototipos tanto de profeta como de sacerdote y rey. ¿A quiénes vino Jesús a reemplazar en cada una de esas funciones?

CAPÍTULO 7

JESÚS COMO MAESTRO

"Todo lo que Jesús enseñó giraba en torno a la verdad: La verdad acerca del mundo, la verdad acerca de las relaciones, y la verdad acerca de Dios. Las cosas que enseñó y la forma como las enseñó sentó un ejemplo para todos los grandes maestros que vinieron después de Él".

BRUCE BICKEL Y STAN JANTZ

El término "Maestro" refiriéndose a la persona de Jesús aparece más de 45 veces en los Evangelios. No obstante, en el cristianismo pocas veces se resalta su labor como tal en vista de que su rol como Mesías y Salvador ha ocupado más la mente de muchos teólogos que la labor que desempeñó como gran maestro de la Palabra. En otras religiones no cristianas se ha dicho de Jesús que fue un *maestro ascendido* o el *maestro iluminado*, pero hasta en esos círculos no se ha dimensionado correctamente esa faceta de Jesús. A quienes no aceptan el mensaje, no le es posible interpretar de manera correcta al mensajero.

Un maestro pudiera ser definido como una persona que se dedica a instruir a otros sobre un tema en particular pero la esencia del maestro va muchos más allá de esta simple definición. Decía alguien que un verdadero maestro es aquella persona que "a través de su propia existencia le revela al discípulo el verdadero sentido del valor y de la vida. Para un verdadero maestro lo más importante no es enseñar, sino darse como complemento de lo que enseña". Esto significa que el maestro enseña pero luego modela lo enseñado, aun si esto implicara el sacrificio en aras del crecimiento de sus discípulos. Y en ese sentido Jesús fue inigualable. En la época en que Él vivió, un maestro no era solo alguien que se dedicaba a instruir, sino que el pueblo le reconocía ese título a quien, después de haber demostrado no solo su habilidad para enseñar, demostraba también templanza, firmeza de carácter y sabiduría para guiar a otros a encontrar soluciones a sus problemas cotidianos.

En cuanto al carácter exhibido por Cristo como maestro, Él permanece sin rival. "Nunca ha habido un carácter como el suyo; tan humilde y tan fuerte; tan enfocado en la oración y tan aterrizado; tan apacible y tan enérgico; tan amoroso, sin sentimentalismo y tan dinámico pero sin ser autoritario".[5] Michael Green compara el carácter de Jesús como maestro con el de otros grandes líderes religiosos y nos deja ver cómo "Buda tuvo una vida muy acomodada en sus inicios; Confucio tuvo un matrimonio que fue un desastre y terminó en divorcio; Sócrates se sintió atraído hacia los jóvenes varones; Mahoma tuvo once esposas y múltiples concubinas a pesar de que él dijo que había recibido autorización para tener solo cuatro (sura 4.3)". Pero Jesús demostró ser algo totalmente diferente. Él proclamó un estándar aún más alto que lo que el pueblo judío había vivido, a pesar de que ellos fueron quienes recibieron los Diez Mandamientos. Luego de proclamar ese estándar, Él vivió en conformidad con esa ley y desde entonces nadie ha podido cuestionar la integridad de su vida.

Las enseñanzas de Jesús mostraban autoridad

La autoridad de Jesús en sus enseñanzas era incuestionable, porque Él no solo era el Maestro, sino que al mismo tiempo era

---

5. Michael Green, *But Don't All Religions Lead to God* [Pero no todas las religiones llevan a Dios] (Grand Rapids, MI: Baker Books, 2002).

la persona de quien hablaban las enseñanzas. En la historia no ha habido otro ejemplo en el que el maestro sea el sujeto que enseña, y a la vez el objeto de la enseñanza. Cuando esa enseñanza fue respaldada con las intervenciones sobrenaturales propias de Dios, eso convenció a muchos de que no estaban en presencia de un mero mortal. Nicodemo dio testimonio de esto. **Juan 3:1-2** relata la historia de un importante fariseo llamado Nicodemo que vino de noche a ver a Jesús y cuya expresión fue la siguiente: "sabemos que has venido de Dios como maestro porque nadie puede hacer las señales que tu haces si Dios no está con él". Nicodemo era un hombre ilustre, reconocido entre los judíos, de modo que cuando él le confiere a Jesús el título de Maestro, estaba reconociendo su superioridad sobre muchos. Una de las características del maestro, que hace que su audiencia le preste atención, es el sentido de autoridad que puedan percibir sus seguidores. Ese sentido de autoridad frecuentemente depende del dominio que muestre acerca del tema enseñado. Si esto va acompañado de sabiduría para responder las interrogantes de quienes le escuchan, entonces su autoridad aumenta con creces. Y esto es precisamente lo que se ve en las páginas del Nuevo Testamento que hablan acerca de las enseñanzas de Jesús. Veamos.

Marcos 1:27-28: "Y todos se asombraron de tal manera que discutían entre sí, diciendo: ¿Qué es esto? ¡Una enseñanza nueva con autoridad! El manda aun a los espíritus inmundos y le obedecen. Y enseguida su fama se extendió por todas partes, por toda la región de Galilea". Este fue el veredicto de aquellos que le oyeron, predicar y enseñar. El texto dice que su fama se esparció por todo el área; el pueblo de Israel no había oído enseñanza semejante. Por aproximadamente cuatrocientos años (entre el final del Antiguo Testamento y el comienzo del Nuevo Testamento) Dios no había traído revelación nueva a su pueblo. Y un día, de repente, Jesús sale bautizado del río Jordán y comienza a proclamar y a enseñar las buenas nuevas del reino de los cielos y enseguida comenzaron las multitudes a seguirlo. Las masas le seguían no porque les prometía prosperidad económica o privilegios especiales, sino porque les hablaba de aquellas cosas de las que el hombre está necesitado para llenar el vacío que lleva en su corazón desde sus primeros años. El poder de atracción que ejerció su enseñanza a pesar de lo alto de su estándar fue increíble. Había algo en sus palabras y en la forma de exponerlas que convencían al oyente de que estaba en presencia de alguien especial. Había una congruencia entre su hablar y su caminar que transmitía autoridad y confianza a la vez. Su sentido de autoridad era tal, que revisó, intensificó y en algunos casos hasta anuló la ley de Moisés.

En **Mateo 5:38-39** leemos de cómo Cristo *revisó* la misma ley de Moisés: "Habéis oído que se dijo: "OJO POR OJO Y DIENTE POR DIENTE", pero yo os digo: no resistáis al que es malo; antes, a cualquiera que te abofetee en la mejilla derecha, vuélvele también la otra".

En el Antiguo Testamento, la venganza se correspondía con la gravedad de la violación; sin embargo, Jesús al enseñar, prohíbe la venganza, por completo. Este pasaje del Antiguo Testamento ponía de manifiesto la justicia de Dios pero Cristo viene, no tildando de errado el principio pero establece un nuevo parámetro para la relación con los demás: la medida de la gracia, que ponía de manifiesto otro más de los atributos de Dios.

Mateo 5:27-28 plasma como Él *amplió* el sentido de la ley: "Habéis oído que se dijo: "NO COMETERÁS ADULTERIO", pero yo os digo que todo el que mire a una mujer para codiciarla ya cometió adulterio con ella en su corazón".

La letra de la ley prohibía tener relaciones sexuales fuera del matrimonio pero Él hace énfasis en el espíritu de la ley que condena no solo el hecho consumado, sino también el codiciar de manera ilícita a alguien que no fuera el cónyuge. La letra de la ley, tenía más que ver con la acción, mientras que el espíritu de la ley tenía que ver con la intención del corazón. Como maestro, Jesús hizo más énfasis en el corazón que en la acción misma porque es allí donde residen los pecados que nadie ve.

En **Marcos 7:18-20** se encuentra una ilustración de cómo Jesús *anuló* ciertos requerimientos de la ley: "Y Él les dijo: ¿También vosotros sois tan faltos de entendimiento? ¿No comprendéis que todo lo que de afuera entra al hombre no le puede contaminar, porque no entra en su corazón, sino en el estómago, y se elimina?... Y decía: Lo que sale del hombre eso es lo que contamina al hombre". Con esto estaba anulando hábitos dietéticos que por años se habían convertido en prácticas religiosas en el pueblo judío y enseñando que toda la ley dietética y las celebraciones judías apuntaban hacia su persona. Llegado el Mesías las restricciones no tenían sentido de seguir existiendo.

Jesús supo ilustrar sus enseñanzas

La pedagogía moderna ha demostrado que las personas que no han alcanzado un buen nivel de educación o preparación aprenden mejor por medio de ilustraciones e historias contadas. Y ese fue el caso de la población a la que Cristo le tocó ministrar. En ese sentido Jesús fue un experto. En ausencia de recursos audio visuales, las parábolas le proporcionaron una herramienta excelente para ilustrar su enseñanza. Jesús hizo uso de este recurso con mucho más frecuencia de lo que hemos pensado. De hecho un treinta y cinco por ciento del contenido de los Evangelios sinópticos está desarrollado de esa forma. La parábola, como historia imaginaria, usa elementos de la vida cotidiana o de la naturaleza para mostrar una lección moral. No hay nada en la literatura hebrea antes de la venida de Cristo comparable a las parábolas de Jesús. Y fuera de los cuatro Evangelios no encontramos ningún otro autor en el Nuevo Testamento haciendo uso de las parábolas en sus enseñanzas. Este sistema de enseñanza constituía una metodología desarrollada alrededor de un suceso imaginario pero de aplicación práctica; revelaban y ocultaban al mismo tiempo como pone de manifiesto el texto siguiente:

Mateo 13:10-15: "Y acercándose los discípulos, le dijeron: ¿Por qué les hablas en parábolas? Y respondiendo El, les dijo: Porque a vosotros se os ha concedido conocer los misterios del reino de los cielos, pero a ellos no se les ha concedido. Porque a cualquiera que tiene, se le dará más, y tendrá en abundancia; pero a cualquiera que no tiene, aun lo que tiene se le quitará. Por eso les hablo en parábolas; porque viendo no ven, y oyendo no oyen ni entienden. Y en ellos se cumple la profecía de Isaías que dice: "AL OIR OIREIS, Y NO ENTENDEREIS, Y VIENDO VEREIS, Y NO PERCIBIREIS; PORQUE EL CORAZON DE ESTE PUEBLO SE HA VUELTO INSENSIBLE Y CON DIFICULTAD OYEN CON SUS OIDOS; Y SUS OJOS SE HAN CERRADO, NO SEA QUE VEAN CON LOS OJOS Y OIGAN CON LOS OIDOS, Y ENTIENDAN CON EL CORAZON, Y SE CONVIERTAN Y YO LOS SANE".

Se requiere una sabiduría muy especial para revelar, esconder y juzgar a la vez mediante una misma historia como vemos en las parábolas. En las parábolas Jesús hacía uso de circunstancias cotidianas pero las enseñanzas que dejaba apuntaban hacia la vida espiritual de la persona. Por lo tanto la enseñanza de la parábola iba mucho más allá de lo que mostraban las palabras.

Jesús conocía muy bien su audiencia. Sabía que la mayoría carecía de una buena educación por lo que siempre trató de adaptar su comunicación al nivel de las masas. En ese sentido hizo uso de múltiples figuras del lenguaje de una forma magistral.

La hipérbole es una forma de exagerar los hechos, con el fin de enfatizarlos. Una cosa es exagerar los hechos con la intención de engañar haciendo creer algo que no es real o verdadero y otra cosa es enfatizarlo mediante una hipérbole. En el caso de la hipérbole es obvio para el oyente que lo dicho es una exageración intencionada con un propósito definido: Dejar una enseñanza. Una de las hipérboles utilizadas por Jesús en la que se muestra con claridad su maestría al enseñar es la siguiente:

Mateo 5:29-30: "Y si tu ojo derecho te es ocasión de pecar, arráncalo y échalo de ti; porque te es mejor que se pierda uno de tus miembros, y no que todo tu cuerpo sea arrojado al infierno. Y si tu mano derecha te es ocasión de pecar, córtala y échala de ti; porque te es mejor que se pierda uno de tus miembros, y no que todo tu cuerpo vaya al infierno".

Jesús no estaba hablando literalmente de sacarse el ojo, sino de echar fuera de ti aquello que te hace pecar. Este era un modo de transmitir al individuo la gravedad del pecado y lo radical que tenemos que ser cuando se trata del pecado.

El símil, parecido a la metáfora, lo usó como método de comparación para transmitir enseñanzas morales o espirituales. Esta figura del habla con frecuencia hacía uso de la palabra *"como"*.

Mateo 10:16: "Mirad, yo os envío *como* ovejas en medio de lobos; por tanto, sed astutos como las serpientes e inocentes *como* las palomas".

El judío conocía la mansedumbre de las palomas y la ferocidad de los lobos y de ese modo entendía mejor cómo vivir sin malicia pero cuidándose de aquellos que en el mundo siempre tratan de guiar a otros hacia la maldad y el pecado.

La metáfora, parecida al símil, es una figura comparativa pero que no usa la "como"; sin embargo, presenta algo con lo que el individuo está bien familiarizado y que le puede servir de ejemplo.

Mateo 5:13: "Vosotros sois la sal de la tierra; pero si la sal se ha vuelto insípida, ¿con que se hará salada otra vez? Ya para nada sirve, sino para ser echada fuera y pisoteada por los hombres".

El cristiano del primer siglo conocía muy bien el efecto de la sal, porque en ausencia de refrigeración, el uso de ella era el método de preservación para los alimentos. De modo que esta fue una forma metafórica utilizada por Jesús para enseñarles cómo debía el cristiano contribuir a preservar su doctrina, su familia y su sociedad.

La paradoja y la formulación de preguntas, fueron usadas con frecuencia como formas de enseñanza. Decía Denis Diderot, creador de la *Enciclopedia*, que: "La esencia entera de la educación consiste en provocar la duda y la interrogación". Jesús supo crear esa duda a través del uso de las paradojas. Una paradoja es un expresión del habla que en la superficie parece contradictoria pero que la enseñanza está precisamente en aquello que parece ser una contradicción. Nadie como Jesús, para mover la gente a la interrogación reflexiva.

Marcos 8:35: "Porque el que quiera salvar su vida, la perderá; pero el que pierda su vida por causa de mí y del evangelio, la salvará".

Con esta expresión paradójica les dejaba sembrada la duda que los guiaría a seguir buscando hasta llevarlos a encontrar el verdadero significado de lo enseñado. Jesús como todo buen maestro supo también manejar las preguntas para crear la interrogante que guía al aprendizaje.

Mateo 16:2-3 es una buena ilustración de este uso: "Pero respondiendo Él, les dijo: Al caer la tarde decís: 'Hará buen tiempo, porque el cielo está rojizo'. Y por la mañana: 'Hoy habrá tempestad, porque el cielo está rojizo y amenazador'. ¿Sabéis discernir el aspecto del cielo, pero no podéis discernir las señales de los tiempos?"

El maestro que le da todo digerido al discípulo, no le entrena para investigar; pero Jesús supo usar las preguntas para enseñarlos a pensar y de esa forma los motivaba a seguir aprendiendo. Supo usar las **preguntas** (Mt. 16:13) como forma de crear la introspección y traer a la luz lo que estaba en el corazón. En otras ocasiones, cuando intentaron atraparlo con alguna pregunta cuya respuesta luego pudieran usar en su contra, Él usó las contra preguntas.

Marcos 11:27-33: "Llegaron de nuevo a Jerusalén; y cuando Jesús andaba por el templo, se le acercaron los principales sacerdotes, los escribas y los ancianos, y le dijeron: ¿Con qué autoridad haces estas cosas, o quién te dio la autoridad para hacer esto? Y Jesús les dijo: Yo también os haré una pregunta; respondédmela, y entonces os diré con qué autoridad hago estas cosas. El bautismo de Juan, ¿era del cielo o de los hombres? Respondedme. Y ellos discurrían entre sí, diciendo: Si decimos: "Del cielo", Él dirá: "Entonces, ¿por qué no le creísteis?" ¿Mas si decimos: "De los hombres"? Pero temían a la multitud, porque todos consideraban que Juan verdaderamente había sido un profeta. Y respondiendo a Jesús, dijeron: No sabemos. Y Jesús les dijo: Tampoco yo os diré con qué autoridad hago estas cosas".

Definitivamente, la habilidad de Jesús para enseñar no tuvo ni tiene comparación, ni sustituto, independientemente de la circunstancia en que se encontrara enseñando; frente a una persona; frente a una multitud; mediante un sermón, mediante un diálogo; con o sin figuras del habla. En su enseñanza, como en todo, fue único y su magisterio fue singular.

Jesús enseñó de forma reveladora

Otra de las características de Jesús al enseñar fue su habilidad para revelar las verdades del Padre y su habilidad para desvelar lo que estaba escondido en el corazón del hombre. Muchos están familiarizados con la historia de la mujer tomada en adulterio que aparece en **Juan 8:1-12**. En este texto, Jesús dice a los acusadores: "...El que de vosotros esté sin pecado, sea el primero en tirarle una piedra" (v. 7b). Y agrega que "al oír ellos esto se fueron retirando uno a uno... y dejaron sólo a Jesús". La realidad es que la forma como los enfrentó reveló sus pecados y los hizo sentirse condenados por sus propias conciencias. Después que cada uno partió, Jesús le preguntó a la mujer adúltera: "Mujer, ¿dónde están ellos? ¿Ninguno te ha condenado?... Yo tampoco te condeno. Vete; desde ahora no peques más" (Jn. 8:10-11). Jesús usó un mismo suceso para revelarle a los acusadores su auto justicia y a la mujer su pecado de adulterio. Una vez más se mostró el genio de este gran maestro. Jesús conocía la maldad del corazón del hombre pero conocía la bondad del corazón de Dios. Y como Dios omnisciente conocía también los pensamientos del hombre (Lc. 6:8). Por eso anunció a Pedro como él le iba a negar tres veces (Mr. 14:30) y aunque Pedro no aceptó que esto pudiera ocurrir, los Evangelios nos muestran cómo se cumplió lo anunciado. Con esto Cristo les enseñaba como Él conocía el futuro; les enseñaba acerca del perdón de Dios y de como hasta las caídas futuras de los hijos de Dios ya han sido tomadas en cuenta a la hora de Dios escribir la historia.

Jesús enseñó de forma confrontadora

Si algo caracterizó las enseñanzas de Jesús fue que no se llevaron a cabo en un aula de clase, sino que usó las experiencias vividas para enseñar, corregir y amonestar. Consoló al afligido pero confrontó la superficialidad con que vivían sus discípulos, enseñado siempre que las cosas temporales no pueden producir satisfacción.

Mateo 6:25-30: "Por eso os digo, no os preocupéis por vuestra vida, qué comeréis o qué beberéis; ni por vuestro cuerpo, qué vestiréis. ¿No es la vida más que el alimento y el cuerpo más que la ropa? Mirad las aves del cielo, que no siembran, ni siegan, ni recogen en graneros, y sin embargo, vuestro Padre celestial las alimenta. ¿No sois vosotros de mucho más valor que ellas? ¿Y quién de vosotros, por ansioso que esté, puede añadir una hora al curso de su vida? Y por la ropa, ¿por qué os preocupáis? Observad cómo crecen los lirios del campo; no trabajan, ni hilan; pero os digo que ni Salomón en toda su gloria se vistió como uno de éstos. Y si Dios viste así la hierba del campo, que hoy es y mañana es echada al horno, ¿no hará mucho más por vosotros, hombres de poca fe?"

Supo confrontar también la incredulidad (**Mt. 8:26**) y como maestro mostró sensibilidad suficiente hacia sus discípulos cuando estuvieron en momentos de dificultad pero supo también mostrar fortaleza para confrontar las debilidades de aquellos que Él estaba enseñando a fin de que, en su ausencia, estuvieran capacitados para asumir el liderazgo.

Su confrontación nunca ocurrió despegada de su gracia y misericordia. Siempre supo mantener el balance entre la gracia y la verdad.

Muchos han visto en Jesús un obrador de milagros pero la realidad es que sus milagros nunca estuvieron divorciados de sus enseñanzas. Lamentablemente, el ser humano ha puesto siempre su mayor énfasis en los milagros que Jesús puede hacer a su favor y no en las enseñanzas que quiso dejar al obrar los milagros pero estos no fueron más que una metodología para ilustrar sus enseñanzas.

Mateo 4:23 dice: "Y Jesús iba por toda Galilea enseñando en sus sinagogas y proclamando el evangelio del reino, y sanando toda enfermedad y toda dolencia en el pueblo".

Nótese en el versículo anterior la relación entre la proclamación de su evangelio y la realización de milagros. Lo mismo se ve también en Mateo 9:35 y Lucas 5:17.

Mateo 9:35: "Y Jesús recorría todas las ciudades y aldeas, enseñando en las sinagogas de ellos, proclamando el evangelio del reino y sanando toda enfermedad y toda dolencia".

Lucas 5:17: "Y un día que El estaba enseñando, había allí sentados algunos fariseos y maestros de la ley que habían venido de todas las aldeas de Galilea y Judea, y de Jerusalén; y el poder del Señor estaba con El para sanar".

Dios siempre ha usado los milagros para confirmar el mensaje o el mensajero; y así mismo ocurrió con los milagros de Jesús.

Conclusión

Si hay alguna característica de la persona de Jesús que ha sido universalmente reconocida es su habilidad para enseñar. Muchos son los que han negado su divinidad, pero aun ellos con frecuencia lo han reconocido como un gran maestro por su capacidad de comunicar con claridad y convicción; con palabras y con hechos; con firmeza y con gracia a la vez.

A pesar de haber vivido una vida tan diferente a la de todo ser humano, supo encontrar siempre un punto de contacto entre Él y aquellos a quienes enseñaba, sin importarle la condición económica y el estrato social al que pertenecieran.

Se relacionó sin problemas con los niños (Mt. 19:14)
Se relacionó sin problemas con las prostitutas (Lc. 7:37)
Se relacionó sin problemas con los ricos (Mt. 19:16)
Se relacionó sin problemas con los leprosos (Mr. 1:40)

Esto es fundamental en un maestro, porque no hay ninguna posibilidad de que una enseñanza pueda ser asimilada por los que la escuchan, si no ha habido primero un diálogo que relacione al maestro y al discípulo, lo cual Jesús supo hacer de forma extraordinaria.

Su autoridad al enseñar, su sabiduría al contestar, su santidad al vivir y su compasión al ministrar lo colocan por encima de todos los demás maestros de la historia. Para terminar sería bueno recordar las palabras de C. S. Lewis en su libro Cristianismo y nada más:
"Estoy listo para aceptar a Jesús como un gran maestro moral pero no acepto sus demandas de ser Dios'. Eso es lo único que no deberíamos decir. Un hombre que fue simplemente un hombre y dijo el tipo de cosas que Jesús dijo no sería un gran maestro moral. Más bien sería un lunático, al mismo nivel de un hombre que dice que es un huevo pasado por agua, o sería el diablo mismo. Usted debe hacer una elección. O este hombre era, y es, el Hijo de Dios; o es un enfermo mental o algo peor. Usted puede mandarlo a callar por tonto, puede escupirlo y matarlo por ser un demonio, o puede postrarse a sus pies y llamarlo Señor y Dios. Pero no vengamos con el absurdo de que el es un gran maestro humano. Él no dejó esa opción abierta para nosotros. Y tampoco fue su intención".[6]

Preguntas

1. ¿Qué características hacen a Jesús singular como maestro?

2. ¿Cómo lograba Jesús captar la atención de sus oyentes?

3. ¿Cuáles figuras del lenguaje fueron utilizadas por Jesús con frecuencia como formas de enseñanza?

4. ¿Cómo se ve reflejada la autoridad de Jesús mediante sus enseñanzas?

5. ¿Puede citar alguna ocasión en que Jesús utilizó experiencias de la vida diaria para enseñar, corregir, amonestar o juzgar?

---

6. George Sweeting, *Great Quotes & Illustrations* [Grandes citas e ilustraciones] (Waco, TX: Word Books Publisher, 1985), p. 153.

Capítulo 8

Jesús como líder

"Liderazgo es influenciar al pueblo de Dios hacia los propósitos de Dios".

Henry Blackaby

El tema del liderazgo se ha manejado de forma amplia en los últimos años. Se ha discutido en talleres, conferencias y seminarios; se han escrito muchos libros con esa temática y la razón es obvia: La carencia significativa de líderes que se nota no solo a nivel secular, sino también en el ámbito cristiano. Desafortunadamente, muchos de los líderes que han surgido en las diversas áreas no han llenado las expectativas de aquellos que le han seguido. Y por otro lado muchas de estas conferencias y seminarios, aun dentro del mundo cristiano, no han prestado suficiente atención al liderazgo de Jesús.

Jesús un líder auténtico

El verdadero líder modela para los que le siguen, con el propósito predeterminado de llevarlos hasta una meta definida. Un verdadero líder no escatima tiempo, esfuerzo ni sacrificio para obtener lo que se ha propuesto. El liderazgo auténtico se mide por el resultado final de aquellos que siguiendo al que dirige, se han visto inclinados a imitar su conducta y abrazar su causa. Por lo tanto, Jesús es el mejor modelo de lo que es un verdadero líder.

Cientos de definiciones se han dado acerca de lo que significa liderar pero si se pudieran analizar las que tienen un significado más apropiado, veremos como todas definen el liderazgo que Jesús modeló.

Oswald Sanders dice en su libro *Liderazgo espiritual* que: "*Liderazgo es influencia, la habilidad de una persona de influenciar a otros*". Si liderazgo es influencia, entonces nadie ha superado a Jesús como líder. Él no solo fue capaz de influenciar a sus primeros discípulos, sino que por dos mil años ha influenciado a más personas de todos los estratos sociales que cualquier otro líder. Su influencia no ha estado limitada a las esferas de la iglesia, sino que ha trascendido mucho más allá de sus fronteras.

Napoleón Bonaparte dijo de Cristo: "*Ustedes hablan del César, de Alejandro Magno, de sus conquistas y del entusiasmo que ellos inyectaban al corazón de sus soldados... pero ¿pueden ustedes concebir a un hombre haciendo conquistas con una armada fiel y enteramente devota a su memoria? En lo que a mí respecta, mi propio ejército me ha olvidado aún mientras vivo. Alejandro Magno, el César, Carlos Magno y yo hemos fundado imperios pero ¿sobre que base? La fuerza. Jesucristo, sin embargo, ha fundado un imperio solo sobre la base del amor, y en estos precisos momentos millones de hombres morirían por Él. Yo he inspirado a multitudes a morir por mí pero siempre mi presencia fue necesaria; la luz de mis ojos, mi voz, una palabra mía. Solo de esa forma era encendido el fuego en sus corazones. Ahora que estoy solo en la isla de Santa Helena, encadenado a estas rocas, ¿quién pelea y gana batallas para mí? ¡Que abismo tan grande entre mi profunda miseria y el reino eterno de Cristo, quien es proclamado, amado, adorado y cuyo reino se está extendiendo por toda la tierra!*"[7]

Líderes cristianos y seculares han reconocido el liderazgo de Jesucristo. Las multitudes le seguían antes de su muerte (Mt. 4:25;

---

7. Arthur T. Pierson, *Many Infallible Proofs* [Muchas pruebas infalibles], tomo 2 (Grand Rapids, MI: Zondervan, s.f.), p. 49.

Mt. 14:14; Jn. 6:5) pero aún mayores multitudes le han seguido después. La razón es muy sencilla: La tumba no pudo retenerlo, por lo que su liderazgo se ha hecho permanente.

En **Mateo 4:18-22** se lee lo siguiente: "Y andando junto al mar de Galilea vio a dos hermanos, Simón, llamado Pedro, y Andrés su hermano, echando una red al mar porque eran pescadores. Y les dijo: Seguidme, y yo os haré pescadores de hombres. Entonces ellos, dejando al instante las redes, le siguieron. Y pasando de allí, vio a otros dos hermanos, Jacobo, hijo de Zebedeo y Juan, en la barca con su padre Zebedeo remendando sus redes; y los llamó. Y ellos, dejando al instante la barca, y a su padre, le siguieron".

Sus palabras transmitían confianza y autoridad a la vez.

Su liderazgo cambió vidas

¿Qué recibieron estos hombres de Jesús que fueron capaces de dejar sus actividades y finalmente sus profesiones para seguirle? Quizás de primera instancia fue el sentido de autoridad en sus palabras; pero luego el poder de sus enseñanzas junto con el sentido de propósito que Jesús logró inyectarle, produjo en ellos una influencia poderosa que los movió en la dirección del maestro. Muchos han sido capaces de motivar a otros a seguir un camino bajo promesas de beneficios y bendiciones; muy pocos han podido motivar a otros a sacrificarse como Jesús supo hacerlo. Aun después de decir: "Si alguno quiere venir en pos de mí, niéguese a sí mismo... y sígame" (Lc. 9:23). Muchos han sido los que han abrazado ese llamado y lo han seguido.

Harry Truman, quien fuera presidente de los Estados Unidos, dijo en una ocasión: *"Un líder es un hombre capaz de motivar a otros a hacer lo que a ellos no les gusta y llevarlos a que les guste".* Cristo supo hacer eso: guió a sus discípulos que no querían servir y que querían los primeros lugares en el reino de los cielos, hasta convertirlos en verdaderos siervos de una causa que en principio no querían abrazar. Y terminaron no solamente abrazándola, sino también muriendo por ella.

Henry Blackaby, en su libro también titulado *Liderazgo espiritual*, establece que: *"Liderazgo es influenciar al pueblo de Dios hacia los propósitos de Dios"*. En ese sentido nadie ha superado a Jesús como líder. Fue capaz de hacer que gente inmersa en el judaísmo por cientos de años cambiara su herencia religiosa. Aun después de su muerte, sacerdotes judíos supieron abandonar su sacerdocio para alcanzar una nueva fe: La fe cristiana. En Hechos 6:7 se lee: *"Y la palabra de Dios crecía, y el número de los discípulos se multiplicaba en gran manera en Jerusalén, y muchos de los sacerdotes obedecían a la fe"*. La eficacia de su liderazgo en mover multitudes desde donde estaban hacia los propósitos de Dios, o hacia donde Dios quería que estuvieran, se debió a que su motivación apuntó siempre hacia el Padre. *"Porque he descendido del cielo, no para hacer mi voluntad, sino la voluntad del que me envió"* (Jn. 6:38). La clave estuvo en que supo convencer a sus seguidores de que el éxito de su misión no estaba en la popularidad, sino en obedecer la voluntad de Dios.

Un liderazgo dirigido por Dios

En el capítulo 6 de Juan, Cristo expone y eleva el estándar de Dios. El texto dice en el versículo 66 que en respuesta a lo revelado por Cristo: *"Desde entonces muchos de sus discípulos volvieron atrás, y ya no andaban con él"* (RVR). Pero a los que les siguieron supo convencerlos, de que lo que complace a Dios tiene que ver más con alcanzar sus propósitos eternos, que con atraer grandes multitudes y que el liderazgo que Dios espera está relacionado con sus designios por encima de nuestros sueños y aspiraciones. Un verdadero líder de Dios **se toma el riesgo de perder seguidores** (Jn. 6:66-67), pero nunca el de perder la unción de Dios. Para liderar de esa forma se requiere rendición absoluta de la voluntad (Lc. 22:42).

Un buen líder espiritual **no se dirige por su agenda personal sino que se deja dirigir por el Espíritu de Dios**. Esto fue algo muy notable en la vida de Jesús. **Lucas 4:1**: *"Jesús lleno del Espíritu Santo* *volvió del Jordán y fue llevado por el Espíritu en el desierto".*[8] Pero para eso el líder espiritual necesita pasar tiempo con su Dios. Jesús supo pasar toda una noche orando antes de tomar una decisión. **Lucas 6:12-13** dice que: *"En esos días Él se fue al monte a orar, y pasó toda la noche en oración a Dios. Cuando se hizo de día, llamó a sus discípulos y escogió doce de ellos, a los que también dio el nombre de apóstoles".* La oración en la vida del líder de Dios es crucial porque de lo contrario con frecuencia la agenda personal del líder prevalecerá por encima de los propósitos de Dios.

Otra característica de un líder de Dios es **su habilidad para trabajar arduamente**; su capacidad de laborar cuando otros prefieren descansar; algo que Jesús también modeló en varias ocasiones. **Marcos 6:31, 33-37:** *"Él les dijo: Venid vosotros aparte a un lugar desierto, y descansad un poco. Porque eran muchos los que iban y venían, de manera que ni aun tenían tiempo para comer... Pero muchos los vieron ir y le reconocieron; y muchos fueron allá a pie desde las ciudades y llegaron ante ellos... porque eran como ovejas que no tenían pastor; y comenzó a enseñarles muchas cosas. Cuando ya era muy avanzada la hora, sus discípulos se acercaron a él diciendo: El lugar es desierto, y la hora ya muy avanzada. Despídelos para que vayan a los campos y aldeas de alrededor, y compren pan, pues no tienen que comer. Respondiendo él les dijo: Dadles vosotros de comer. Ellos le dijeron: ¿Qué vayamos y compremos pan por doscientos denarios y le demos de comer?"* (RVR). Es notorio que los discípulos querían despedir a la multitud, no solo porque no había pan suficiente, sino porque estaban muy cansados al final del día. Pero Jesús movido por la compasión, los hizo acomodar para luego darle de comer. El líder de Dios ve lo que otros no ven y siente lo que otros no sienten y eso lo lleva a trabajar cuando otros descansan.

"Si el líder no está dispuesto a levantarse más temprano; a quedarse más tarde que otros y trabajar más duro que otros, entonces no va a convencer a su generación" (Oswald Sanders). Cristo no solo

---

[8]. El original en Marcos 1:12 es más enfático dejándonos ver que el Espíritu impulsó a Cristo al desierto.

convenció a los de su generación, sino que ha convencido a muchas otras generaciones que han venido después de Él.

Jesús, un líder singular

Algunos han dicho que un buen líder tiene que ser un buen comunicador. Para eso necesita **conocer la condición de su audiencia** y saber qué decir para lograr llevarlos hasta donde él quiera que estén. En el Sermón del Monte, Cristo dio la mejor demostración (Mt. 5:7). Presentó un estándar tan alto que para muchos luciría inalcanzable. Sin embargo, la respuesta de aquellos que le oyeron fue muy positiva: **Mateo 7:28-29:** *"Cuando Jesús terminó estas palabras, las multitudes se admiraban de su enseñanza; porque les enseñaba como uno que tiene autoridad, y no como sus escribas".* Al comunicar, el líder de Dios también **necesita brindar ciertas garantías que transmitan confianza a sus seguidores** para que puedan permanecer firmes a la hora de la prueba. Cuando Cristo dice: *"sobre esta roca edificaré mi iglesia; y las puertas del Hades no prevalecerán contra ella",* estaba brindando la mayor de todas las garantías y comunicando la mejor de todas las esperanzas: La del triunfo contra las huestes espirituales de maldad.

El líder sostenido por Dios sabe enfrentar la soledad y el rechazo aun en medio de la crisis. Cristo fue acusado de bebedor, de glotón y de ser amigo de pecadores (Mt. 11:19) pero eso no le hizo variar su forma de vivir, ni sus enseñanzas, ni su estándar. Fue rechazado pero no se amedrentó, porque contaba con la aprobación del Padre (Is. 42:1). Eso fue capital en su vida, porque solo un hombre seguro de lo que es en Cristo, está preparado para ser un buen líder espiritual.

El líder aprobado por Dios sabe cómo permanecer firme aun bajo presión. Ante los tres interrogatorios que le practicaron los judíos cuando fue apresado (Anás, Caifás y el Sanedrín) y los tres que le practicaron los gentiles (Pilato, Herodes y de nuevo Pilato), permaneció firme, aun cuando *"todos los discípulos le abandonaron y huyeron"* (Mt. 26:56) ¿Qué le sostuvo en medio de esa prueba? El

Espíritu de Dios le fortaleció para no negociar sus convicciones y ellas le sostuvieron. Un líder espiritual no puede ser solo un hombre de opinión. La opinión es algo que usted sostiene; la convicción le sostiene a usted.

El líder ungido por Dios se levanta por encima de sus temores. Los temores no lo paralizan, no lo desvían, no lo distraen. Por eso Cristo pudo decir: *"Padre mío, si es posible, que pase de mí esta copa; pero no sea como yo quiero, sino como tú quieras"* (Mt. 26:39). Su temor lo llevó a orar y luego a renunciar a sí mismo pero nunca a detener su marcha.

El líder rendido a Dios es un ejemplo de perseverancia y obediencia. Cristo perseveró hasta el fin, *"...se humilló a sí mismo, haciéndose obediente hasta la muerte, y muerte de cruz"* (Fil. 2:8). Ningún otro líder ha tenido el valor, la obediencia y la perseverancia que Él tuvo. Para Cristo lo más importante no fue su seguridad ni su conveniencia, sino la obediencia a la voluntad del Padre. Su obediencia le ganó un nombre que es sobretodo nombre, ante el cual se dobla toda rodilla (Fil. 2:9-11). Ese nombre es **Jesús**.

Oswald Sanders, en su libro *Liderazgo espiritual,* expone veintidós preguntas como medida para determinar si alguien tiene potencial para liderar. A continuación, por la importancia que tienen al compararlas con la persona de Jesús, aparecen cinco de ellas:

1. *"¿Ha roto usted un mal hábito? Para liderar, usted tiene que dominar sus apetitos".* Cristo ni siquiera tuvo que hacer eso porque nunca cultivó ninguno. Siempre dominó los apetitos de la carne. Lo demostró en las tentaciones en el desierto (Mt. 4:1-11).

2. *"¿Mantiene usted el control cuando las cosas no van bien? El líder que pierde el control bajo la adversidad pierde el respeto y su influencia...".* No ha habido en la historia ningún otro líder que haya experimentado la experiencia de la cruz. La serenidad con que Cristo la soportó es la mayor expresión de lo que puede llamarse fortaleza bajo control.

3. *"¿Confía la gente en usted en situaciones delicadas y difíciles?"* El Padre confió en su Hijo, los discípulos le confiaron sus vidas. Los niños, los leprosos, los recaudadores de impuestos

confiaron en Él. Y después de su resurrección millones continúan confiando en Él. No ha existido nadie con un liderazgo igual.
4. *"¿Tiene usted interés en las personas? ¿De todos los tipos? ¿De todas las razas?"* Como líder, el interés de Jesús fue mucho más allá de los límites geográficos y de las diferencias raciales. **Apocalipsis 5:9:** *"Y cantaban un cántico nuevo diciendo: Digno eres de tomar el libro y de abrir sus sellos, porque tu fuiste inmolado, y con tu sangre compraste para Dios a gente de toda tribu, lengua, pueblo y nación".* Él abrió el trono de Dios para cada uno de nosotros, independientemente de nuestra procedencia.
5. *"¿Puede usted perdonar? ¿O guarda resentimientos hacia aquellas personas que le han herido?"* En la cruz, en su peor momento, Cristo supo decir: "Padre, perdónalos porque no saben lo que hacen" (Lc. 23:34). La capacidad de reaccionar de esta forma ante las ofensas es otra de las características de un gran líder.

Conclusión

- El liderazgo de Jesús fue excepcional, sin paralelo. Se destacó principalmente por su forma de motivar e influenciar a otros, moviéndolos todo el tiempo hacia los propósitos de Dios.
- La grandeza de su liderazgo radicó principalmente en la facilidad con se "vació de sí mismo" para servirle al Padre y para servirle a aquellos a quienes el Padre estaba llamando.
- Su liderazgo puede medirse por el efecto que ha tenido a lo largo de dos mil años de historia en cristianos y no cristianos; entre seguidores y líderes.
- La medida de su liderazgo es aún inmedible e indefinida porque su misión no ha terminado todavía.

Preguntas

1. ¿A que se debió la eficacia del liderazgo de Jesús?

2. Mencione cinco características de un líder conforme al Espíritu de Dios.

3. Revise las tres definiciones de liderazgo provistas en este capítulo y compare el liderazgo de Jesús con el de otros líderes seculares.

4. ¿Cuál de las características de Jesús considera usted que le dio la autoridad que otros líderes no tienen?

5. ¿De que depende el éxito del líder de Dios?

CAPÍTULO 9

LA SANTIDAD DE JESÚS

"La soledad es el precio que el santo paga por su santidad".

A. W. Tozer

Dentro del pueblo de Dios se ha hablado y se ha predicado tanto acerca de la bondad de Jesús, de su amor y su perdón, que estos conceptos interpretados aisladamente o mal interpretados, han dado lugar a que en muchas ocasiones se olvide que ese Jesús es el Señor del universo. Que como tal, merece la misma reverencia que Dios Padre, porque está revestido de su misma santidad. Raramente se ve a Jesús airado en los Evangelios. Tal vez sea esa una de las razones por lo que se le percibe más bien como el que todo lo acepta sin nunca juzgar o castigar. Y esto ha llevado a los creyentes frecuentemente al irrespeto o la valoración inferior de la persona de Jesús.

El Evangelio de Juan registra un hecho ocurrido durante la Pascua judía en el que se ve la ira de Jesús desbordada en el templo de Jerusalén (Jn. 2:13-17) por el hecho de haber presenciado cómo se mercadeaba en el templo y cómo los cambistas de dinero y los vendedores negociaban con los animales que debían ser usados para los sacrificios hechos en el templo.

Durante la Pascua, el pueblo judío conmemoraba la última plaga enviada por Dios al pueblo de Egipto antes de que salieran al desierto (Éx. 12). Para ellos era la fiesta más importante y estaba establecido con carácter obligatorio que los hombres de más de veinte años de edad asistieran al templo para esa fecha a ofrecer sacrificios por sus pecados. Viajaban a Jerusalén desde las distintas áreas de Israel y del resto del Imperio Romano en las que estaban dispersos. El viajar con los animales para el sacrificio, resultaba muy complicado. Los judíos decidieron entonces establecer un negocio de venta de animales para ofrecerlos a los viajeros y esto se hacía en los atrios del templo. Por otro lado, los viajeros necesitaban cambiar su dinero a la moneda local y de este intercambio, los judíos también hicieron otro negocio. Los cambistas cobraban altas sumas de dinero convirtiendo el negocio en una verdadera usura y también lo hacían en el templo. Todo esto violaba la santidad de Dios y esa violación fue la razón por la que Jesús reaccionó de manera airada tumbando las mesas de los cambistas y echando fuera del templo a todo el mundo. Es interesante ver cómo Jesús supo tolerar que lo llamaran bebedor y glotón pero cuando se violó la santidad del templo y por lo tanto de Dios, reaccionó con una ira santa.

En el versículo 19 del capítulo 2 de Juan encontramos la frase de Jesús: "Destruid este templo, y en tres días lo levantaré". Con esta frase Jesús se está refiriendo a su muerte y su resurrección (Jn. 2:22). Es bueno hacer la observación de que el templo de Israel, al igual que el tabernáculo, era considerado el lugar donde "habitaba" la presencia de Dios. Cuando Jesús expresa: "Destruid este templo y en tres días lo levantaré", lo dice considerando que en Él habitaba la plenitud de Dios como lo explicamos en el capítulo 2. Por eso Jesús llama templo a su propio cuerpo. De donde se deduce que la santidad de Dios Padre es la misma del Dios Hijo. Haber violado la santidad del Padre significaba haber violado la santidad del Dios Trino. Este pasaje del Evangelio de Juan explica por sí solo la santidad del Dios hecho hombre.

La santidad de Dios en la persona de Jesús es manifestada en diferentes encuentros. En Lucas 5:4-8 leemos acerca de uno de esos momentos: "Cuando terminó de hablar, dijo a Simón: Sal a la parte más profunda y echad vuestras redes para pescar. Respondiendo

Simón, dijo: Maestro, hemos estado trabajando toda la noche y no hemos pescado nada, pero porque tú lo pides, echaré las redes. Y cuando lo hicieron, encerraron una gran cantidad de peces, de modo que sus redes se rompían; entonces hicieron señas a sus compañeros que estaban en la otra barca para que vinieran a ayudarlos. Y vinieron y llenaron ambas barcas, de tal manera que se hundían. Al ver esto, Simón Pedro cayó a los pies de Jesús, diciendo: ¡Apártate de mí, Señor, pues soy hombre pecador!"

Cuando Jesús instruye a Pedro a mover la barca un poco más allá y a echar las redes del otro lado, es muy probable que todo tipo de pensamientos se cruzaron por la mente de Pedro. Quizá pensó que Jesús no tenía más experiencias que ellos o que Jesús los estaba subestimando como pescadores. Cuando Pedro vio que las redes se llenaron de peces, él miró a Cristo y le dice: "**¡Apártate de mí, SEÑOR, pues soy hombre pecador!**" Pedro debió haberse alegrado e invitado a Jesús a quedarse con ellos, sin embargo esto no fue lo que ocurrió. La reacción de Pedro no fue de alegría sino de remordimiento de conciencia al verse confrontado por la santidad de la persona que tenía en frente. ¿Qué es lo que hace que Pedro reaccione de ese modo? No es el despliegue de poder, porque él había visto de parte de Jesús manifestaciones como esas en ocasiones anteriores. Es la santidad de Dios develada lo que lo atemorizó, porque nadie puede permanecer apacible cuando la santidad de Dios es revelada por completo. Pedro se vio tal cual él era y sintió miedo. El encuentro con la santidad de Dios nos permite vernos en toda nuestra pecaminosidad y esa experiencia es traumática para el hombre. Igual le sucedió al profeta Isaías cuando vio el trono de Dios y vio a aquel que es Alto y Sublime (Is. 6:1-8), inmediatamente proclamó: "¡Ay de mí! que soy muerto; porque siendo hombre inmundo de labios, y habitando en medio de pueblo que tiene labios inmundos, han visto mis ojos al Rey, Jehová de los ejércitos" (RVR).

Pedro, Juan y Jacobo tuvieron también un encuentro con la santidad de Jesús (Mt. 17:1-6). En el monte de la transfiguración estos tres discípulos vieron la gloria de Dios reflejada en la persona de Jesús. El Dios hecho hombre se transfiguró ante ellos, su rostro resplandeció y al resplandecer, sus vestiduras perdieron el color. ¿No es curioso que sus vestiduras perdieran el color? Quizás la razón de esto es la siguiente: El único color real es el blanco que es el color de la luz. Los demás son el resultado de la reflexión y refracción de la luz al reflejarse en determinadas superficies y descomponerse, tal como se ve en los siete colores del arco iris. Al Cristo transfigurarse, Él se convierte en fuente de luz y al hacerlo desaparecieron los demás colores. Como la luz tiene un solo color que es el blanco y Él era esa fuente de luz, es natural que los colores de sus vestimentas desaparecieran. La realidad es que la brillantez de la santidad de Dios opaca todo lo demás. Pedro, Juan y Jacobo tuvieron miedo (v. 6) como una reacción natural del hombre pecaminoso cuando ve manifestada la santidad de Dios en toda su dimensión.

No solo los discípulos tuvieron encuentros con la santidad de Dios, sino que otras personas también, tales como los soldados romanos que fueron al huerto de Getsemaní a apresarlo. Juan 18:3-6 describe esta ocasión cuando los soldados fueron a apresar a Cristo. Jesús pregunta a los soldados: "¿A quién buscáis?" A lo cual los soldados responden: "A Jesús el Nazareno". Cuando Jesús exclama: **"Yo soy"**, inmediatamente los soldados "retrocedieron y cayeron a tierra" (v. 6). La expresión "Yo Soy" pronunciada por Jesús en el huerto de Getsemaní en el momento del encuentro con los soldados romanos lo identificó ante ellos como el "Yo Soy" que se reveló a Moisés (Éx. 3:14). Y en ese momento la maldad de los soldados se vio confrontada por la santidad de Cristo. Por eso cayeron al suelo. La santidad de Dios es "traumática e intolerable" para el hombre pecador. De ahí que el cuerpo humano de Jesús, durante su encarnación, sirviera más bien para ponerle un "velo" a su santidad. Velar su santidad, era una forma para que las personas pudieran acercársele y relacionarse más fácilmente con Él.

Posteriormente, también Pablo tuvo un encuentro con la santidad del Cristo resucitado (Hch. 9:3-6). Cuando hablamos de la santidad de Cristo nos referimos a la manifestación gloriosa de su majestad y de su condición de pureza. En el camino a Damasco,

Jesús se le revela a Pablo y en el momento de la manifestación, el reflejo de su santidad resultó tan traumático que Pablo no solo cayó al suelo sino que quedó ciego. Esa sola experiencia fue suficiente para convertir a Pablo en un instante en el mayor de los creyentes. Nadie experimenta la manifestación de la santidad de Jesús sin tener una experiencia transformadora.

No solo Pedro en la barca, los discípulos en el monte de la transfiguración, los soldados romanos en el huerto de Getsemaní, Pablo camino a Damasco, sino también Juan en la isla de Patmos tuvo una experiencia "traumática" con la santidad de Jesús. Al final del relato bíblico, en Apocalipsis 1:9-17 se lee acerca de la experiencia de Juan, donde él tuvo un encuentro con la santidad de Jesús. Ante el despliegue de Jesús en toda su santidad, Juan cayó como muerto (v.17) y solo reaccionó al recibir palabras de consolación de parte del mismo Jesús: **"No temas, yo soy el primero y el último, el que vive y estuve muerto; y he aquí estoy vivo por los siglos de los siglos y tengo las llaves de la muerte y del Hades"** (Ap. 1:17). Significando, yo estoy en control de todo cuanto ha existido, existe y existirá en todo lugar. La primera reacción de Juan fue de asombro y de temor. De nuevo, el ver a Dios en toda su santidad y al mismo tiempo verse confrontado en su pecaminosidad, es algo que no le es fácil al hombre experimentarlo.

Esta es la razón por la que Dios no le permitió a Moisés ver su gloria. En Éxodo 33:18-23 leemos lo siguiente: "Entonces Moisés dijo: Te ruego que me muestres tu gloria. Y El respondió: Yo haré pasar toda mi bondad delante de ti, y proclamaré el nombre del SEÑOR delante de ti; y tendré misericordia del que tendré misericordia, y tendré compasión de quien tendré compasión. Y añadió: No puedes ver mi rostro; porque nadie puede verme, y vivir. Entonces el SEÑOR dijo: He aquí, hay un lugar junto a mí, y tú estarás sobre la peña; y sucederá que al pasar mi gloria, te pondré en una hendidura de la peña y te cubriré con mi mano hasta que yo haya pasado. Después apartaré mi mano y verás mis espaldas; pero no se verá mi rostro". Cuando Dios hizo esto "Moisés se apresuró a inclinarse a tierra y adoró" (Éx. 34:8). Al bajar Moisés del monte "la piel de su rostro resplandecía; y tuvieron temor de acercarse a él" (Éx. 34:30). Vea también los versículos 31-35. Esa es la misma santidad que resplandecía en Cristo en algunas ocasiones y que llenaba de temor a aquellos que la contemplaron.

En todos y cada uno de los casos analizados, la respuesta de estos hombres al encontrarse frente a frente con la santidad de Jesús fue la de postrarse rostro en tierra llenos de temor y reverencia. Jesús, aunque es el amigo y el intercesor ante el Padre de todos los creyentes, no deja de ser **el Señor del universo**. A Él se le debe reverencia absoluta.

Hasta los demonios reconocieron la santidad de Jesús como revela **Marcos 1:21-24:** "Entraron en Capernaúm; y en seguida, en el día de reposo entrando Jesús en la sinagoga comenzó a enseñar. Y se admiraban de su enseñanza; porque les enseñaba como quien tiene autoridad, y no como los escribas. Y he aquí estaba en la sinagoga de ellos un hombre con un espíritu inmundo, el cual comenzó a gritar, diciendo: ¿Qué tenemos que ver contigo, Jesús de Nazaret? ¿Has venido a destruirnos? **Yo sé quién eres: el Santo de Dios**". Hasta los demonios, que no tienen ninguna relación con Jesús porque son ángeles caídos, reconocen su santidad y se atemorizan ante ella.

La santidad de Jesús y la supremacía de su señorío

En el **Salmo 110:1** aparece esta expresión: **"Dice el SEÑOR a mi Señor: Siéntate a mi diestra hasta que ponga a tus enemigos por estrado de tus pies"**.

En el original este salmo aparece escrito de esta forma: "Dice Jehová a Adonai..."; lo que equivaldría a decir: "Dice Dios Padre a Dios Hijo: siéntate a mi diestra..." La diestra del Padre es símbolo de autoridad y es el Hijo quien ocupa ese lugar como revela Hebreos 10:12.

Hebreos 10:12: "pero El, habiendo ofrecido un solo sacrificio por los pecados para siempre, SE SENTO A LA DIESTRA DE DIOS".

La palabra *Adonai* es una palabra compuesta:
Adon = Señor   *Ai* = Supremo
Adon + *ai* = Supremo Señor.

Cristo es ese Supremo Señor. Esta supremacía está revestida de completa santidad. Por eso Pablo, en Colosenses 1:16, dice que todo fue hecho por Él y para Él. Jesús es Adonai. Si el hombre olvida que Jesús es su Adonai no le rendirá nunca la reverencia que merece. Como dice una canción de Jesús Adrián Romero:[9] *"No es como yo, aunque se haya hecho hombre y le llame por su nombre; no es como yo"*. A continuación el texto completo de la canción:

No es como yo
Aunque se haya hecho hombre
Y le llame por su nombre; no es como yo

No es como yo
Aunque en todo fue tentado
Él es limpio y sin pecado
No es como yo
La pureza y santidad son su color de piel

No es como yo
Él es santo y es perfecto
Es sublime y es eterno
No hay comparación

No es como yo
Él trasciende lo que existe
Y de majestad se viste
No hay comparación

---

9. Jesús Adrián Romero, "No es como yo", El Aire de Tu Casa, Vástago Producciones, 2005.

No es como yo
Aunque se haya hecho carne
Y mi hermano Él se llame
No es como yo

No es como yo
En el cielo está su trono
Su poder lo llena todo
No es como yo
La creación toda rodilla doblará a sus pies

Conclusión

"Buscad... la santidad, sin la cual nadie verá al SEÑOR", dice la Palabra en Hebreos 12:14. Por tal razón, Cristo, en la cruz, toma mi pecaminosidad y me entrega a cambio su santidad. Por eso yo puedo entrar a la presencia de Dios.

Cuando Cristo no es visto en toda su santidad, la tendencia es de tratar de humanizarlo. Pero en ese humanizar a Cristo se diviniza al hombre; la adoración se hace trivial y su Palabra es minimizada. El resultado es en consecuencia, un cristiano secularizado que siempre anda por la vida como un barco a la deriva.

No podemos olvidar que aunque Jesús se encarnó y murió en una cruz de forma tan humillante, Él es el soberano Señor del universo. La iglesia de hoy ha olvidado esa verdad y ha humanizado a Cristo mientras ha endiosado al hombre. En la India, que es un país en cuya cultura el respeto y la reverencia juegan un papel tan importante, los hijos, para referirse a los padres, no llaman a sus padres simplemente papá y mamá que sería "pita" (así se pronuncia) y "mata" (así se pronuncia) en su idioma, sino que le nombran como "pita yi" y "mata yi" (pronunciados así) que equivale a "papá señor" y "mamá señora"; respectivamente. Esta es su costumbre como símbolo del respeto que los hijos le deben a los padres, lo que no rebaja la relación de afecto entre ellos. Del mismo modo en la relación con Jesús no se puede perder el sentido de que Jesús es Dios y Dios es **el soberano Señor.**

Preguntas

1. ¿Cuál fue la reacción natural que hombres comunes como Pedro, Pablo o los soldados romanos tuvieron al tener un encuentro con la santidad de Dios? ¿Por qué?

2. ¿Qué implicaciones tiene la declaración bíblica de que sin santidad nadie verá a Dios? ¿Cuál es la esperanza del pecador ante tal declaración?

3. ¿Qué cosas han contribuido a que el cristiano no tenga un alto concepto de la santidad de Jesús?

4. ¿Qué consecuencias ha tenido para la iglesia de hoy el humanizar a Cristo y dejar a un lado su santidad?

5. La palabra santo tiene dos significados principales; investigue cuáles son.

CAPÍTULO 10

LAS AFIRMACIONES DE JESÚS SOBRE SÍ MISMO

"Jesús les dijo: En verdad, en verdad os digo: antes que Abraham naciera, yo soy"

JUAN 8:58

Aunque hoy muchos han llegado al convencimiento de la divinidad de Jesús, una gran mayoría insiste en negarla por completo. Hay quienes afirman que Jesús solo fue un gran maestro o un iluminado como lo fueron algunos de los grandes hombres de la historia. Una de las maneras de conocer a los hombres es examinando lo que ellos dicen de sí mismos. Por eso es tan importante dedicar tiempo para analizar qué realmente dijo Jesús con relación a su divinidad.

El propósito de esta sección es demostrar que Jesús, o fue Dios y por lo tanto lo sigue siendo, o fue una persona "demente". Esto, porque si analizamos algunas de sus afirmaciones nos damos cuenta de que solo Dios o un demente pueden afirmar cosas como éstas. Veamos:

Jesús afirmó que

- **Él es igual a Dios.**
  Compare con Filipenses 2:6. Dios es uno en esencia y tres en personas (Dt. 6:4).

  Juan 5:18; 12:45; 14:9

- **Él es dador de vida.**
  El que no le conoce está muerto espiritualmente (Ef. 2:1).

  Juan 5:21

- **Él es quien juzga a los hombres.**
  Compare con 2 Corintios 5:10

  Juan 5:22

- **Él determina el destino del hombre.**
  No hay salvación fuera de Cristo (Hch. 4:12).

  Juan 5:24

- **Él tiene vida en sí mismo.**
  Nuestras vidas dependen de la suya y las fuerzas de la naturaleza dependen de su existencia.

  Juan 5:26

- **Él tiene el poder de la resurrección.**
  Esto demuestra que podemos confiar en que Él cumplirá sus palabras y sus promesas.

  Juan 5:25, 28-29

En esencia, Jesús dijo: **"Yo soy Dios"**.

Esta afirmación tiene dos posibilidades, como lo ilustra Josh McDowell en su libro *Evidencia que exige un veredicto*.[10]

Afirmar que Jesús fue un gran maestro solamente, es afirmar nuestra ignorancia de sus enseñanzas. Cristo a lo largo de su vida proveyó todas las evidencias necesarias para probar que Él era realmente el Mesías esperado y el Dios encarnado. En todo momento llamó a las personas a examinar las Escrituras porque "ellas son las

---

10. Adaptado de Josh McDowell, *Nueva evidencia que demanda un veredicto* (El Paso, TX: Editorial Mundo Hispano, 2005), p. 158.

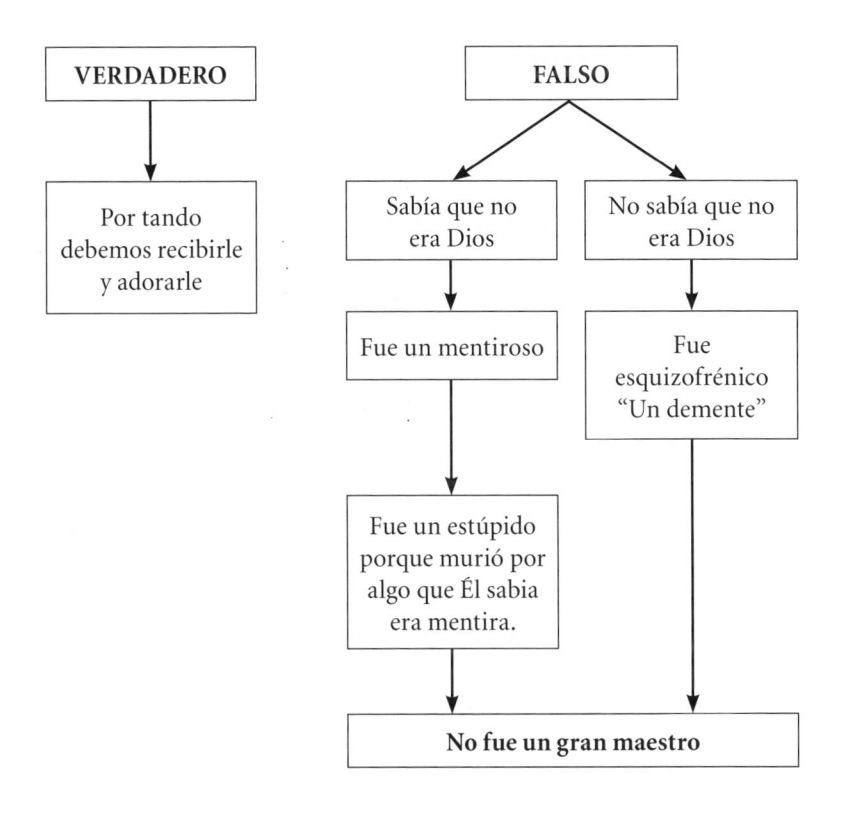

```
    VERDADERO                    FALSO
         |              _____|_____
         |             |                       |
         v             v                       v
   Por tando      Sabía que no          No sabía que no
  debemos recibirle   era Dios              era Dios
    y adorarle          |                       |
                        v                       v
                  Fue un mentiroso           Fue
                        |              esquizofrénico
                        |               "Un demente"
                        v                       |
                  Fue un estúpido               |
                  porque murió por              |
                  algo que Él sabia             |
                    era mentira.                |
                        |                       |
                        v                       v
                    No fue un gran maestro
```

que dan testimonio de mí" (Jn. 5:39). En otras ocasiones, aludió a las obras que había hecho como prueba de su divinidad.

En Deuteronomio 19:15 dice que la veracidad de un asunto según la ley de Moisés debía establecerse basándose en el testimonio de dos o tres testigos. Siendo congruente con la ley de Moisés, Jesús cita en Juan 5, no dos o tres, sino cinco testigos que dan testimonio de su persona.

- **Primer testigo:** El Padre (Jn. 5:32; Jn. 8:18; Mt. 3:16-17).

El Padre habló: "Este es mi Hijo amado en quien me he complacido" (Mt. 3:17b).

- **Segundo testigo:** Juan el Bautista (Jn. 5:33).

Juan el Bautista testificó acerca de Él: "He ahí el Cordero de Dios que quita el pecado del mundo" (Jn. 1:29b).

- **Tercer testigo:** Las obras que hacía (Jn. 5:36).

Las obras anunciadas en el Antiguo Testamento (Is. 29:18) fueron realizadas por Jesús.

Mateo 11:2-5: "Y al oír Juan en la cárcel de las obras de Cristo, mandó por medio de sus discípulos a decirle: ¿Eres tú el que ha de venir, o esperaremos a otro? Y respondiendo Jesús, les dijo: Id y contad a Juan lo que oís y veis: los CIEGOS RECIBEN LA VISTA y los cojos andan, los leprosos quedan limpios, los sordos oyen, los muertos son resucitados y a los POBRES SE LES ANUNCIA EL EVANGELIO".

- **Cuarto testigo:** Las Escrituras (Jn. 5:39.)

Isaías, Zacarías, Malaquías y otros testificaron de Él.

- **Quinto testigo:** Moisés (Jn. 5:45-47).

Moisés anunció su venida (Dt. 18:18).

La historia pone de manifiesto que la incredulidad del hombre, no es por falta de evidencia, sino por conveniencia. Al hombre no le conviene creer porque creer conlleva a someterse a su señorío. Los judíos creían por tradición que había ciertos milagros que solo el Mesías podía hacer, a los que llamaban: "Milagros mesiánicos".[11] Entre ellos estaban:

---

11. Dr. Arnold G. Fruchtenbaum, *The Messianic Bible Study, Manuscript No.35* [Estudio bíblico mesiánico, manuscrito No. 35] (San Antonio, TX: Ariel Ministries, 1983), pp. 1-18.

- La sanidad de alguien que hubiese nacido ciego. Ellos pensaban que si alguien nacía enfermo, eso era una consecuencia de algún pecado que sus padres o el feto habían cometido durante el período de gestación (vea Jn. 9).
- La resurrección de una persona después del tercer día de su muerte, pues ellos pensaban que el espíritu de la persona se quedaba "rondando" por tres días (vea Jn. 11).
- La sanidad de un leproso (vea Lc. 5:12-16). Después de que la ley de Moisés fue completada, no hay en la historia judía un solo caso donde un judío haya sido sanado de lepra. Por lo tanto, los rabíes enseñaban que solo el Mesías podía hacer tal cosa.

Jesús hizo todos esos tipos de milagros y aún así no creyeron en Él porque el gran problema del hombre es que su corazón no quiere creer.

En ocasiones diferentes, Jesús usó la expresión: "Yo Soy" para afirmar su divinidad, sobre todo para el pueblo judío que estaba familiarizado con esa expresión. En Éxodo 3:13 leemos acerca de cuando Moisés le preguntó a Dios acerca de qué le respondería al pueblo si ellos le preguntaran por el nombre del Dios que le envió a ellos. Y Dios le dijo: "...Así dirás a los hijos de Israel: 'YO SOY me envió a vosotros'" (3:14). Comparemos esa expresión con las siguientes expresiones que salieron de los labios de Jesús:

Juan 8:28: "... Cuando levantéis al Hijo del Hombre, entonces sabréis que **yo soy**".

Juan 8:58: "... En verdad, en verdad os digo, antes que Abraham naciera, **yo soy**".

Cuando Jesús usa el YO SOY como un calificativo para referirse a su persona, en esencia, lo que Él está diciendo es que no hay diferencias entre el Jehová del Antiguo Testamento que se le reveló a Moisés y Él. El nombre YO SOY hace referencia a la autosuficiencia de Dios. Él no necesita de nada, ni de nadie.

Los siete bien reconocidos "Yo soy" de Jesús

- **Yo soy el pan de vida**
  Sin su sustento, el hombre muere espiritualmente.   Juan 6:35

- **Yo soy la luz del mundo**
  Sin Él, el mundo permanece en tinieblas (en pecado).   Juan 8:12

- **Yo soy la puerta**
  Él es el único acceso al Padre.   Juan 10:7, 9

- **Yo soy el buen pastor**
  Solo Él ha dado la vida por sus ovejas.   Juan 10:11, 14

- **Yo soy la resurrección y la vida**
  Su resurrección garantiza la nuestra.   Juan 11:25

- **Yo soy el camino, la verdad y la vida**
  No hay otro camino. Su evangelio es exclusivista (toda verdad es exclusiva).   Juan 14:6

- **Yo soy la vid verdadera**
  Él es el tronco y nosotros las ramas. Sin Él nada podemos hacer.   Juan 15:1, 5

1. *Cristo como el pan de vida.* Es increíble que el ser humano, que vive hambriento, prefiera "comer" cualquier otra enseñanza antes que lo que Dios tiene que ofrecerle. La razón es hasta cierto punto entendible porque se necesita un "apetito divino" para desear el "alimento divino" y eso es lo que el ser humano no tiene.

2. *Cristo como la luz del mundo.* En Juan 3:19 hay una acusación que pesa severamente contra el hombre, y es que cuando la luz vino

a ellos, el hombre amó más las tinieblas (el pecado) que la luz (la verdad).

3. **Cristo como la puerta.** Cuando Cristo dijo: "Yo soy la puerta" afirmó ser la única entrada al Padre. De hecho en Juan 10:1, Él llama ladrón y salteador a todos aquellos que tratan de entrar por otra puerta y a aquellos que vinieron antes que Él haciéndose pasar por el Mesías. Lo mismo pudiera decirse hoy de aquellos que hacen lo mismo. Se consideran ladrones porque quieren robarle la gloria a Dios y salteadores porque asaltan la mente de aquellos que le siguen y corrompen sus pensamientos.

4. **Cristo como el buen pastor.** Jesús guía a sus ovejas a lugares donde ellas puedan ser alimentadas y a aguas de reposo. Todo buen pastor cuida de forma personal a sus ovejas y las conoce por su nombre. Lo mismo ocurre con Jesús. El pastor garantiza que las ovejas no se salgan del redil. Y esa es una de las funciones de Jesús. Él murió por ellas y hoy vive para garantizar su salvación (Jn.10).

5. **Cristo como la resurrección y la vida.** Cuando Cristo dijo: "Yo soy la resurrección y la vida", Él no solo enseñó eso de palabras, sino que lo demostró con los hechos. Su resurrección nos llena de esperanza porque Él ha prometido la nuestra.

6. **Cristo como el camino, la verdad y la vida.** Cristo dijo: "Yo soy el camino, la verdad y la vida". El concepto del camino, el concepto de la verdad y el concepto de la vida eran tres ideas muy importantes para los judíos y Cristo viene y dice que Él es esas tres cosas al mismo tiempo. Cristo es el camino que hay que seguir; Él es la verdad que tenemos que creer y Él es la vida que tenemos que vivir. Cristo no señaló el camino, sino que se identificó Él mismo como el camino; y aunque esto es en sentido figurado, lo único que podemos hacer es seguirle. Pensemos, ¿qué es preferible, que alguien nos dé la dirección para llegar a un lugar o que esa persona nos tome de la mano y nos lleve? La respuesta es obvia. Preferimos que nos tomen de la mano. Eso ha hecho Cristo.

El concepto del camino y el concepto de la verdad son temas recurrentes en los salmos: "Lámpara es a mis pies tu palabra, y luz para mi camino" (Sal. 119:105). "SEÑOR, enséñame tu camino..." (Sal. 27:11). "Enséñame, oh SEÑOR, tu camino; andaré en tu verdad" (Sal. 86:11). Es notorio como el salmista enlaza los temas del camino y la verdad. Pero Cristo no solo dijo que era el camino y la verdad, sino que dijo que Él era la vida. El árbol del cual comió Adán fue llamado el árbol de la vida (Gn. 2:9; 3:22) y al desobedecer pereció espiritualmente. Cristo ahora es "el árbol" del cual debemos comer para volver a vivir.

7. Cristo como la vid. Finalmente cuando Jesús se identifica como la vid verdadera, lo que está explicando es que nosotros como ramas dependemos de Él, porque el tronco es el que sostiene y que sustenta y que separados de Él, nada podemos hacer (Jn. 15:5).

Conclusión

Como hemos dicho antes muchos están dispuestos a creer en Cristo solamente como maestro, negando su divinidad. Los que afirman esto desconocen las afirmaciones de Jesús sobre sí mismo, porque si hay algo que está claro es que Jesús fue crucificado por decir que era Dios (Jn. 5:18). Jesús afirmó su divinidad una y otra vez. No podemos escoger de sus enseñanzas la parte con la que estamos de acuerdo y desechar el resto. Cristo trazó la línea muy clara en la arena; o estamos con Él o estamos contra Él; o recogemos con Él o desparramamos (Mt. 12:30); pero no hay zona intermedia.

Al hablar sobre sí mismo, Jesús proveyó cinco testigos diferentes que confirmaban sus aseveraciones pero el pueblo quiso ignorar a los testigos. El pueblo desoyó las palabras de Moisés a quien tenían en alta estima; desoyeron los múltiples escritos del Antiguo Testamento que hablaban del Mesías venidero; rehusaron reconocer los milagros hechos por Él y que habían sido anunciados; no hicieron caso a las palabras de Juan el Bautista a quien ellos tenían por profeta y finalmente, rechazaron las palabras del Padre el día del bautismo de Jesús en el río Jordán. Al final el pueblo pagó sus consecuencias.

Preguntas

1. ¿Qué afirmaciones hizo Jesús sobre sí mismo que reflejan su divinidad?

2. Cristo mencionó cinco testigos que daban testimonio de Él, enumérelos.

3. ¿Cuáles son los llamados milagros mesiánicos?

4. ¿A qué hace alusión el nombre "Yo Soy"?

5. ¿Qué quiso transmitirnos Jesús cuando usó la expresión "YO SOY" como un calificativo para referirse a su persona?

CAPÍTULO 11

LAS PREDICCIONES ACERCA DE JESÚS

"Cualquiera que rechace a Cristo como Hijo de Dios está rechazando un hecho probado tal vez de forma más absoluta que cualquier otro hecho en el mundo".

PETER STONER

Una de las pruebas más contundentes acerca de la autenticidad de Jesús es precisamente el cumplimiento de las profecías que tienen que ver con su persona. La mayor parte de los hechos profetizados en el Antiguo Testamento acerca de su persona fueron confirmados en su primera venida y aparecen en el Nuevo Testamento. El resto hace referencia a su Segunda Venida y tendrán su cumplimiento en un tiempo posterior.

Muchos hombres de ciencia, arqueólogos, historiadores seculares y escritores en sentido general, han tratado de desvirtuar esas profecías. Algunos han llegado a decir que Jesús conociendo las predicciones, pudo haber realizado acontecimientos que lo hicieran parecer como el Mesías profetizado. Por ejemplo, conociendo Él que se había profetizado acerca de su entrada en burro a Jerusalén, se las arregló un día para hacer dicha entrada. Asumiendo que esto fuera cierto, si no era Dios, no pudo bajo ninguna circunstancia, tener el control sobre otras múltiples profecías no controlables. ¿Cómo podría Él controlar que naciera en Belén como había sido profetizado o el que lo vendieran por treinta monedas de plata, o que lo clavaran en una cruz? ¿Cómo podría alguien "orquestar" el nacer en el seno de una familia específica o en un lugar específico? ¿Cómo podría alguien organizar su propia muerte de tal forma que coincidiera exactamente con todo lo predicho y con todos los datos exactos que rodearon la crucifixión? ¿Qué sentido tendría dejarse crucificar desnudo entre dos ladrones y hacer que sus verdugos echaran a suerte sus ropas solo por confirmar una profecía?

J. Baraton Payne[12] menciona 191 profecías cumplidas acerca de la persona de Jesús. Por otro lado, Lee Strobel relata una entrevista realizada a Louis Lapides en la que este último asegura que la probabilidad de que ocho de esas profecías se cumplieran era de uno en cien millones de billones (1 en 10^{17}).[13]

Norman Geisler en una de sus obras, cita a Stoner,[14] quien ha hecho los cálculos matemáticos y ha calculado que la probabilidad de que 48 de las profecías de Jesús se cumplieran es de uno en un trillón de trillones, de trillones de trillones de trillones de trillones de trillones de trillones de trillones de trillones de trillones de trillones de trillones de trillones (1 en 10^{157}) o un 1 seguido de 156 ceros, algo lógicamente imposible.

Para cualquier persona con razonamiento e inteligencia, estas estadísticas, o el estudio de las evidencias, debiera ser suficiente para aceptar la divinidad de Jesús pero la realidad es que para el que no quiere creer, ninguna evidencia es suficiente. Un corazón cerrado ante las cosas espirituales no puede comprender lo revelado por Dios. Por esta razón, decía Pablo en 1 Corintios 2:14 que: "el hombre natural no acepta las cosas del Espíritu de Dios, porque para él son necedad; y no las puede entender, porque se disciernen

---

12. J. Baraton Payne; *Encyclopedia of Biblical Prophecies* [Enciclopedia de profecías bíblicas] (Grand Rapids: Baker Book House, 1980).
13. Lee Strobel, The Case for Christmas [El caso para Navidad] (Grand Rapids: Zondervan, 1998), pp. 69-71.
14. Norman Geisler, Baker Encyclopedia of Christian Apologetics [Enciclopedia Baker de apologética cristiana] (Grand Rapids: Baker Book House, 1999).

espiritualmente". Dios en su soberanía, hizo predicciones por medio de los profetas para que cuando éstas se cumplieran, su cumplimiento fuera parte de la evidencia de que el Dios de la Biblia es real y es fiel. En Lucas 24:44-45 se puede leer esta cita: "Y les dijo: Esto es lo que yo os decía cuando todavía estaba con vosotros: que era necesario que se cumpliera todo lo que sobre mí estaba escrito en la ley de Moisés, en los profetas y en los salmos. Entonces les abrió la mente para que comprendieran las Escrituras". Esta cita enseña que hay un trabajo que solo el Espíritu de Dios puede hacer. El versículo 45 dice: "Entonces les abrió la mente"; sin esa iluminación que da el Espíritu de Dios, no se puede entender su revelación.

El número de profecías cumplidas en la persona de Jesús es tan grande que resulta difícil citarlas todas. Por tal motivo hemos elegido solo algunas a manera de ilustración.

Algunas de las profecías mesiánicas y su cumplimiento

Profecía dada	Profecía cumplida	Explicación o interpretación
Génesis 3:15ª: "Y pondré enemistad entre ti y la mujer y entre tu simiente y su simiente".	Gálatas 4:4: "Pero cuando vino la plenitud del tiempo, Dios envió a su Hijo, nacido de mujer, nacido bajo la ley".	Génesis 3:15a: Tan pronto como Adán y Eva pecaron, Dios anunció la venida de un Salvador. La simiente de la mujer se refiere a Jesús. **Gálatas 4:4:** Confirma que fue nacido de mujer.

Las predicciones acerca de Jesús 107

Génesis 3:15b: "él te herirá en la cabeza y tú lo herirás en el calcañar".	**Colosenses 2:15:** "Y habiendo despojado a los poderes y autoridades hizo de ellos un espectáculo público, triunfando sobre ellos por medio de El".	Jesús vino a destruir la obra del diablo; en la cruz le dio la herida mortal en la cabeza y ofreció la libertad a los que Satanás había hecho cautivos del pecado.
Isaías 7:14: "Por tanto, el Señor mismo os dará una señal: He aquí una virgen concebirá y dará a luz un hijo y le pondrá por nombre Emmanuel".	**Mateo 1:22-23:** "Todo esto sucedió para que se cumpliera lo que el Señor había hablado por medio del profeta, diciendo: HE AQUI, LA VIRGEN CONCEBIRA Y DARA A LUZ UN HIJO, Y LE PONDRAN POR NOMBRE EMMANUEL, que traducido significa: DIOS CON NOSOTROS".	Isaías, el profeta mesiánico, 700 años a.c. profetizó que Jesús nacería de una virgen, lo que se hizo realidad y quedó confirmado tal como se lee en Mateo 1:22-23.
Génesis 22:18: "Y en tu simiente serán bendecidas todas las naciones de la tierra, porque tú has obedecido mi voz".	**Gálatas 3:16:** "Ahora bien las promesas fueron hechas a Abraham y a su descendencia".	Nótese que no dice "y a sus descendencias", sino que lo hace en singular. La simiente de Abraham a la que se refiere Génesis 22:18 es Jesús.

Génesis 49:10a: "El cetro no se apartará de Judá ni la vara de gobernante de entre sus pies". **Salmos 89:3-4:** "Yo he hecho un pacto con mi escogido, he jurado a David mi siervo. Estableceré tu descendencia para siempre y edificaré tu trono sobre todas las generaciones".	**Mateo 1:1-3:** "LIBRO de la genealogía de Jesucristo, hijo de David, hijo de Abraham. Abraham engendró a Isaac, Isaac a Jacob y Jacob a Judá y sus hermanos".	La descendencia de la tribu de Judá y la descendencia de David profetizada en Génesis 49:10a y en el Salmo 89:3-4, queda cumplida con lo establecido por Mateo 1:1-3
Zacarías 9:9: "Regocíjate sobremanera, hija de Sion. Da voces de júbilo, hija de Jerusalén. He aquí, tu rey viene a ti, justo y dotado de salvación, humilde, montado en un asno, en un pollino, hijo de asna".	**Mateo 21:5:** "DECID A LA HIJA DE SION: MIRA, TU REY VIENE A TI, HUMILDE Y MONTADO EN UN ASNA".	La profecía de Zacarías 9:9 se cumple en Mateo 21:5; sin embargo, Jerusalén no se regocijó como debió haber hecho, sino que se rebeló contra el Mesías. Por eso dijo Juan en 1:11: "A lo suyo vino, y los suyos no le recibieron".
Isaías 35:5-6: "Entonces se abrirán los ojos de los ciegos y los oídos de los sordos se destaparán, el cojo saltará como un ciervo y la lengua del mundo gritará de júbilo".	**Mateo 11:5:** "Los CIEGOS RECIBEN LA VISTA y los cojos andan, los leprosos quedan limpios, los sordos oyen, los muertos son resucitados y a los POBRES SE LES ANUNCIA EL EVANGELIO".	Milagros profetizados por Isaías en el Antiguo Testamento fueron confirmados en el Nuevo Testamento y aún en mayores proporciones que lo predicho.

Las predicciones acerca de Jesús

Malaquías 3:1: "He aquí yo envío a mi mensajero y él preparará el camino delante de mi".	**Lucas 3:16ª:** "Juan respondió, diciendo a todos: Yo os bautizo con agua; pero viene el que es más poderoso que yo; a quien no soy digno de desatar la correa de sus sandalias".	El mensajero a que se refiere Malaquías es Juan el Bautista. Pero nótese que la profecía de Malaquías está dada en primera persona, es decir, del mismo Señor y que luego Juan establece la superioridad que ese enviado tendría sobre él.
Isaías 11:2: "Y reposará sobre Él el Espíritu del SEÑOR". **Isaías 61:1:** "El Espíritu del SEÑOR DIOS está sobre mí, porque me ha ungido el SEÑOR para traer buenas nuevas a los afligidos; me ha enviado para vendar a los quebrantados de corazón, para proclamar libertad a los cautivos y liberación a los prisioneros".	**Lucas 4:17-19:** "Le dieron el libro del profeta Isaías, y abriendo el libro, halló el lugar donde estaba escrito: EL ESPIRITU DEL SEÑOR ESTA SOBRE MI, PORQUE ME HA UNGIDO PARA ANUNCIAR EL EVANGELIO A LOS POBRES. ME HA ENVIADO PARA PROCLAMAR LIBERTAD A LOS CAUTIVOS. Y LA RECUPERACION DE LA VISTA A LOS CIEGOS: PARA PONER EN LIBERTAD A LOS OPRIMIDOS; PARA PROCLAMAR EL AÑO FAVORABLE DEL SEÑOR".	Jesús mismo confirmó la profecía. Si no era el Mesías, ¿cómo se atrevió a hacer esa declaración en una sinagoga, en la que había tantos fariseos que le observaban? Fue el orgullo religioso lo que les impidió a los fariseos ver lo que se había profetizado por tantos años.

Esta última cita de Isaías 61, ha sido muchas veces mal interpretada o aplicada acomodaticiamente. Para ayudar en su interpretación aclaramos que cuando Jesús habla de los pobres no lo hace refiriéndose al aspecto económico, porque el reino que Jesús vino a instaurar fue un reino espiritual. De modo que **los pobres** a los que se refiere son aquellos que están en bancarrota espiritual, los que no tienen la capacidad de alcanzar la salvación por sí mismos y que están conscientes de su condición. **Los cautivos,** se refiere a toda la raza humana que ha estado cautiva del pecado sin capacidad de liberación. **Los ciegos** corresponden también a toda la humanidad que como descendientes de Adán y Eva son incapaces de ver su condición de pecadores y por ende no pueden percibir la necesidad de un Salvador. Y finalmente, **los oprimidos** son los que por esa misma causa están atrapados en su vida de pecado y sufriendo las consecuencias.

Algo notoriamente importante es la porción profética mesiánica que contiene el libro de Isaías, tanto así que por su gran similitud con la persona de Cristo, esa porción por lo general no se lee en los templos judíos. Nos referimos al texto bíblico que va desde el capítulo 52:13 hasta el 53:12, el cual es una descripción casi perfecta de la pasión y muerte de Jesús.

Analicemos estos versículos:

52:14 Desfigurada su apariencia.
53:3 Despreciado y desechado de los hombres.
53:4 Azotado y afligido.
53:5 Herido por nuestras transgresiones y molido por nuestras iniquidades.
53:7 Sin abrir su boca (sin protestar), llegó hasta la muerte.
53:9 Que sería sepultado en la tumba de una persona rica.
53:12 Que al entregar su alma estaría entre transgresores (ladrones); que cargó con el pecado de muchos y aún así oraría por los que le transgredieron.

Las predicciones acerca de Jesús

El libro de Isaías, escrito unos 700 años antes de Cristo, predice de forma detallada la condición en que quedaría el Mesías el día de su crucifixión después de ser juzgado, flagelado, burlado y finalmente traspasado. Los Salmos es un libro con el cual muchos cristianos no están familiarizados en cuanto a profecías acerca de Jesús, pero realmente son muchos los pasajes en las que estas aparecen y que luego se vieron cumplidas en su vida, muerte y resurrección. Jesús mismo hizo referencia a cómo en los Salmos se había profetizado acerca de Él. Lucas 24:44 dice: "Y les dijo: Esto es lo que yo os decía cuando todavía estaba con vosotros: que era necesario que se cumpliera todo lo que sobre mí está escrito en la ley de Moisés, en los profetas y en los salmos".

Profecías dadas en los Salmos y su cumplimiento en la persona de Jesús

Pasaje que indica la profecía	Pasaje en el que se cumple la profecía	Explicación o interpretación
Declarado Hijo de Dios (Sal. 2:7)	Mateo 3:16-17	La profecía anunciaba que Jesús sería declarado Hijo de Dios, y en Mateo se ve como luego de ser bautizado por Juan, el Espíritu de Dios descendió sobre Él y se escuchó una voz del cielo que decía: "Este es mi Hijo amado en quien me he complacido". Todo el que estaba alrededor fue testigo del cumplimiento de esta profecía en la persona de Jesús.

Sacerdote de la orden de Melquisedec (Sal. 110:4)	Hebreos 5:5-6	Vea "Jesús como sacerdote" en el capítulo 6
Traicionado por un amigo (Sal. 41:9)	Lucas 22:47-48	Judas, uno de los doce discípulos de Jesús, le entregó en manos de los principales sacerdotes y oficiales a cambio de dinero.
Acusado por falsos testigos (Sal. 35:11)	Marcos 14:57-58	Si algo caracterizó el juicio a Jesús fue la ilegalidad del mismo. Se levantaron falsos testigos en su contra y cambiaron la acusación.
Odiado sin razón (Sal. 35:19)	Juan 15:24-25	Durante su ministerio en la tierra Jesús fue odiado por muchos a pesar de su inocencia y no le aceptaron como Hijo de Dios.
Despreciado y burlado (Sal. 22:7-8)	Lucas 23:35	La Palabra en Lucas recoge cómo todo el pueblo y aun los gobernantes se mofaban de Él.

Las predicciones acerca de Jesús

Abandonado por el Padre (Sal. 22:1)	Marcos 15:34	Cuando el Hijo carga con los pecados de la humanidad el Padre "voltea su rostro" y le hace experimentar la soledad y el abandono que experimentaría el pecador que muere.
Le dieron vinagre mezclado con hiel (Sal. 69:21)	Mateo 27:34	El vinagre era usado al parecer como un anestésico ligero.
Oró por sus enemigos (Sal. 109:4)	Lucas 23:34	En la cruz Jesús oró al Padre para que perdonara a aquellos que le habían entregado.
Los soldados se rifaron sus ropas (Sal. 22:18)	Mateo 27:35 Juan 19:23-24	Las vestimentas de los crucificados eran por lo general propiedad de los ejecutores de la sentencia.
Ninguno de sus huesos fue roto (Sal. 34:20)	Juan 19:32-33, 36	Era una costumbre quebrar las piernas de los crucificados para acelerar así el proceso de la muerte a fin de que fuera más rápida. Sin embargo, cuando fueron a Jesús, ya había muerto; cumpliéndose así la Escritura que decía que ninguno de sus huesos sería roto.

Resucitaría de entre los muertos (Sal. 16:10; 49:15)	Marcos 16:6-7	La tumba vacía es la evidencia más grande a favor de la autenticidad de la persona de Jesús.
Ascendería a la diestra de Dios (Sal. 68:18)	Marcos 16:19	Jesús regresó a ocupar su posición original junto al Padre, lleno de gloria.

Conclusión

Una de las razones por las que creemos en la confiabilidad de la Biblia es por el cumplimiento de las profecías de una forma tan precisa. Solo un Dios Todopoderoso, que controle el futuro, puede orquestar la historia de tal manera que acontecimientos profetizados cientos de años anteriores se cumplan de forma exacta en el tiempo señalado.

De una u otra forma todas las profecías giran en torno a Jesús ya que Él es el eje central de toda la historia bíblica. En este capítulo solo presentamos algunas de las profecías más importantes cumplidas en su persona. Las probabilidades matemáticas acerca del cumplimiento de las profecías mesiánicas afirman que no se trata simplemente de un hombre, sino del mismo Dios hecho hombre.

Preguntas

1. Después de haber visto el cumplimiento de las profecías en la persona de Jesús, ¿cuál sería su respuesta al argumento de que Jesús o los escritores del Nuevo Testamento pudieron haber manipulado las Escrituras para hacer aparecer a Jesús como el Mesías?

2. ¿Cuál es la primera profecía hecha acerca de la venida del Mesías?

3. ¿Cuál es la última profecía del Antiguo Testamento con relación a la venida del Mesías?

4. La profecía de Isaías habla de los ciegos, los pobres u oprimidos... ¿A quienes se refiere?

5. Muchos de los salmos contienen profecías hechas acerca de la persona de Jesús, menciones tres de las más importantes.

CAPÍTULO 12

JESÚS Y LAS IMPLICACIONES DE SU RESURRECCIÓN

"*La resurrección de nuestro divino Señor de entre los muertos es la piedra angular de la doctrina cristiana. Quizás pudiera más exactamente llamarla la clave del arco del cristianismo, pues si este hecho pudiera ser desmentido, todo el fundamento del evangelio se desplomaría*".

CARLOS H. SPURGEON

Todo cristiano conoce acerca de la resurrección de Jesús y hasta muchos que no lo son, han escuchado hablar de este magno acontecimiento único en la historia. Pero pocos son los que se han detenido a meditar sobre las implicaciones del mismo para la fe cristiana, así como para la vida personal.

La resurrección es la columna sobre la que se sostiene toda la fe cristiana. De poco hubiera valido la cruz si Cristo no hubiera resucitado. La resurrección es esencial para la vida cristiana porque es lo que le asegura al creyente que en su destino final tendrá un lugar en la presencia del Padre. Tal y como decía el apóstol Pablo: "Y si no hay resurrección de muertos, *entonces* ni siquiera Cristo ha resucitado; y si Cristo no ha resucitado, vana es entonces nuestra predicación, y vana también vuestra fe" (1 Co. 15:13-14). Negar la resurrección de Jesús significa negar la fe porque toda la fe cristiana descansa sobre el hecho de que Cristo no permaneció en la tumba.

Hechos históricos a favor de la resurrección

En el libro *The Risen Jesus and the Future Hope* [El Jesús resucitado y la esperanza futura], escrito por Gary Habermas, se analizan 1.400 trabajos acerca de la resurrección, escritos por autores tanto conservadores como liberales, entre los años 1975-2003 y se encontró que todos están de acuerdo en doce puntos que son resumidos por Norman Geisler y Frank Turek en su libro *I Don't Have Enough Faith to Be an Atheist* [No tengo suficiente fe para ser un ateo]:

1. Jesús murió crucificado.
2. Fue enterrado.
3. La tumba de Jesús fue encontrada vacía después de su resurrección.
4. Los discípulos, quienes con su muerte habían perdido toda esperanza y se habían dispersado, aseguraron haberlo visto después de su muerte.
5. Como consecuencia de estas experiencias los discípulos fueron transformados de escépticos a proclamadores de su muerte y resurrección.
6. Contaron experiencias en las que dicen haber interactuado con el Jesús resucitado.
7. El mensaje de la muerte y resurrección de Jesús se convirtió en el centro de la predicación de la iglesia primitiva.
8. El mensaje fue predicado en los alrededores de Jerusalén.
9. La iglesia nació y creció como resultado de dicha predicación.
10. Con motivo de la resurrección, el día de adoración que hasta ese entonces había sido el sábado, pasó a ser el domingo.

11. Santiago, el hermano de Jesús, que era uno de los grandes escépticos, se convirtió a la fe cuando "creyó" ver al Cristo resucitado.
12. Pablo, el apóstol, años después, de ser perseguidor del cristianismo pasó a ser cristiano por una experiencia vivida en la que dice haber visto manifestado al Cristo resucitado.

Las evidencias de la resurrección

a) Credibilidad de los escritos del Nuevo Testamento

Tanto los Evangelios como las cartas del Nuevo Testamento fueron escritos por testigos oculares de los hechos. Estos documentos se escribieron entre unos 15 y 65 años después de la muerte de Jesús, lo que los hace más confiables que cualquier otro documento de la antigüedad. De los documentos de Platón por ejemplo, solo tenemos copias y esas copias datan de unos 1.200 años después de su vida. Sin embargo, de los documentos del Nuevo Testamento existen alrededor de 5.700 copias en griego; más de 10.000 copias en latín y unas 9.300 copias en otros idiomas. De los documentos de Platón, no hay originales y se tienen siete copias solamente. Por otro lado, al presente tenemos copias del Nuevo Testamento de alrededor del año 350 d.C. y fragmentos de los años 125-150 d.C. ¿Por qué se cuestionan tanto los escritos del Nuevo Testamento y no se cuestionan los demás documentos antiguos de la misma forma? La respuesta es obvia: no hay nadie más ciego que el que no quiere ver, ni nadie más escéptico que el que no quiere creer.

¿Qué tan confiable son estos documentos?

Sir Lionel Luckhoo (1914-1997), considerado uno de los abogados más brillantes en la historia británica y quien figura en el libro de record mundiales Guinness como "el abogado más exitoso del mundo", con 245 casos de asesinato ganados consecutivamente, declaró:

"Humildemente agrego que he pasado más de cuarenta y dos años como abogado defensor apareciendo en varias partes del mundo y todavía estoy en ejercicio. He sido afortunado de asegurar un numero de éxitos en juicios por jurados y yo afirmo sin temor a equivocarme, que la evidencia de la resurrección de Jesucristo es tan abrumadora que nos empuja a aceptarla debido a las pruebas, las cuales no dejan posibilidad alguna para la duda".[15]

Este hombre testifica haber usado el mismo método histórico legal para analizar el caso de Cristo, que el método utilizado para sus casos penales; comenzó este estudio para probar la no veracidad de la historia de la resurrección y sin embargo quedó convencido por el peso de la evidencia.

b) La tumba vacía

La tumba vacía continúa siendo una de las evidencias más fuertes a favor de la resurrección. Veamos las siguientes observaciones:

- Los judíos aceptaron que la tumba estaba vacía porque nunca pudieron presentar su cuerpo como prueba de lo contrario. Cuando los opositores de una persona aceptan como bueno y válido lo que su contrario dice, eso tiene peso.
- Los líderes judíos, para justificar la desaparición del cuerpo de Jesús dijeron que los discípulos lo habían robado (Mt. 28:11-15). Pero los únicos con posibilidad de haberlo hecho eran ellos mismos y de ser así la desaparición del cuerpo podía alimentar el argumento de la resurrección, lo que no les convenía. Por lo tanto, ese postulado queda descartado.
- Siendo el ser humano un idólatra por naturaleza, probado por las tradiciones, ¿cómo es que la tumba no se convirtió en

---

15. Sir Lionel Luckhoo, *The Question Answered: Did Jesus Rise from the Dead?* [La pregunta respondida: ¿Resucitó Jesús?] Luckhoo Booklets, página final. http://www.hawaiichristiansonline.com/sir_lionel.html.

santuario de los seguidores de Jesús?
- Las primeras testigos de la tumba vacía fueron las mujeres (Mt. 28:1-10; Mr. 16:1-10; Lc. 24:11; Jn. 20:1-18). Según el historiador judío Josefo, en el primer siglo las mujeres eran tenidas en muy poca estima y no podían ni siquiera testificar en un tribunal porque no tenían credibilidad. Si la "tumba vacía" era un invento, ¿por qué poner a las mujeres como los primeros testigos y creerles lo que aseguraban haber visto?

c) El testimonio de los soldados romanos

El análisis del testimonio de los soldados romanos nos lleva de nuevo a la conclusión de que verdaderamente la tumba fue encontrada vacía. Y sobre este testimonio queremos hacer dos observaciones:

- Los líderes judíos trataron de sobornar a los guardias romanos para que dijeran que habían robado el cuerpo mientras ellos dormían. Pero a pesar de ello, no mintieron, sino que relataron el hecho tal como aconteció (Mt. 28:11). Si los soldados se durmieron, como quisieron señalar los líderes judíos, ¿cómo sabían que se habían robado el cuerpo si no presenciaron el robo? Y si estaban despiertos, ¿cómo lo permitieron a sabiendas de que eso podía costarles la vida?
- Las estrictas medidas de seguridad habrían impedido a los discípulos robar el cuerpo. Habrían impedido, además, que Jesús saliera de forma natural. ¿Cómo podían unos soldados armados y en estado de alerta ser vencidos por un puñado de personas temerosas y desesperanzadas?

d) El testimonio de los testigos oculares

En el tribunal el mejor testigo es un testigo ocular y de estos el Cristo resucitado tuvo cientos como vemos más abajo.

- Jesús hizo de diez a doce apariciones en un período de cuarenta días después de su resurrección (Mt. 28:1-10; Lc. 24:13-32; Jn. 20:19-31; Jn. 21:1-23; Hch. 1:3-8; 1 Co. 15:6-7).
- En una ocasión fue visto por más de quinientos testigos oculares (1 Co. 15:5-8).
- Si Tomás, Santiago, el hermano de Jesús y Pablo, quienes no creyeron en Jesús inicialmente, no tuvieron un encuentro real con el Cristo resucitado, cómo se explica en ellos un cambio de actitud tan radical, tiempo después de su muerte.
- Los testigos estuvieron dispuestos a morir por la verdad de la resurrección. Algo común en los que mueren por una causa, es que creen en aquello por lo que mueren. Nadie está dispuesto a morir por algo de lo que no está convencido. Su decisión de morir por la causa es el mejor testimonio de que estaban convencidos de haber visto al Cristo resucitado.
- El escepticismo que se ve en los discípulos ante el testimonio de las mujeres desaparece ante el temor y el asombro cuando Cristo se les hace presente (Jn. 20).

Tres aspectos a considerar acerca del Cristo resucitado

I) El Cristo que vino lleno de gracia, es el mismo que hoy continúa lleno de gracia.

Esto es mejor ilustrado en los encuentros que Jesús tuvo con sus discípulos después de la resurrección con tres individuos:

- María Magdalena, que durante su vida había estado poseída por siete demonios, fue la primera que vio a Jesús después de su resurrección (Jn. 20:11-18; Mt. 28:1-10; Lc. 24:1-10); su pasado no le impidió el privilegio de la gracia.
- María Magdalena, cuando va al sepulcro en compañía de María, la madre de Jacobo y Salomé, recibe de parte de un ángel este mensaje: "Pero id, decid a los discípulos y a Pedro..."

(Mr. 16-7). Este ángel enviado por Dios a dar el mensaje, no solo se refiere a los discípulos en general, sino que especifica "y a Pedro". ¿Por qué? Jesús quería que Pedro entendiera que a pesar de su negación, Él no lo había rechazado. Jesús le había perdonado y estaba dispuesto a restituirlo.

- A Tomás, quien al anuncio de los apóstoles rehusó creer que Jesús había resucitado, Cristo se le aparece y le ofrece la evidencia de su cuerpo presente y de sus heridas para que pueda ser convencido (Jn. 20:24-28).

II) El cuerpo glorificado del Cristo resucitado

- Como segunda persona de la Trinidad, la encarnación afectó a Jesús de tal forma que en lo adelante, Él tendría un cuerpo físico, algo que no había tenido nunca antes.
- Después de su resurrección, Él continuó teniendo un cuerpo físico y lo tendrá para el resto de la eternidad (Lc. 24:39-43).
- Después de su ascensión no solo tiene un cuerpo físico sino un cuerpo glorificado.
- Su cuerpo glorificado no tiene limitación de espacio físico (Jn. 20:19,26).
- El Cristo glorificado ha recobrado toda su gloria (Ap. 1:12-18). Al encarnarse se despojó de su gloria (Fil. 2:5-6) pero al resucitar lo hizo en todo su esplendor y majestad (Ap. 1:12-18).
- El Cristo resucitado volverá a juzgar a todas las naciones (Ap. 19:11-16).

III) El ministerio actual y futuro de Jesús

- Jesucristo es la cabeza de la iglesia y como tal la dirige. La iglesia es el cuerpo de Cristo (Col. 1:18).
- Él es quien sustenta y nutre a la iglesia (Ef.5:29-30).
- Se encuentra a la derecha del Padre intercediendo por los creyentes (Ro. 8:34; Hch. 7:25).

- Resucitará a los muertos al final de los tiempos. Todos oiremos su voz (Jn. 5:28).
- Recompensará a su pueblo (1 Co. 4:5).
- Gobernará el mundo cuando todo esté cumplido (Ap.19:15).

NUESTRA ESPERANZA: "porque yo vivo, vosotros también viviréis" (Jn.14:19).

Conclusión

- Si aquel que dijo dar vida no la tiene, entonces la promesa de vida eterna no tendría en qué sustentarse. "…vana es entonces nuestra predicación, y vana también vuestra fe" (1 Co. 15:14).
- La resurrección es la evidencia de que Dios Padre aceptó el sacrificio del Hijo en pago por nuestros pecados. La resurrección es el amén del Padre al sacrificio del Hijo. Si así no hubiese ocurrido todavía estamos en nuestros delitos y pecados (1 Co. 15:17).
- Si Cristo no resucitó es un mentiroso y su Palabra falsa. En consecuencia no es el Mesías y no puede salvarnos de la condenación eterna.
- Si no resucitó no está en la presencia de Dios por lo que no tenemos abogado que nos justifique ante Dios. Pero 1 Juan 2:1 dice que: "…abogado tenemos para con el Padre, a Jesucristo el justo".

Preguntas

1. Enumere algunos de los puntos principales sobre los cuales han podido estar de acuerdo muchas de las personas que han escrito acerca de la persona de Jesús.

2. Cite algunos de los hechos históricos que hablan a favor de la resurrección.

3. ¿Por qué han tenido los críticos un interés tan marcado en probar la no veracidad de la resurrección de Jesús?

4. ¿Cuál es la evidencia más fuerte a favor de la resurrección? Diga por qué.

5. ¿Qué implicaciones prácticas para su vida tiene la resurrección de Cristo?

Capítulo 13

Jesús en el Pentateuco

"La Biblia tiene que ser interpretada de manera cristocéntrica… No hay otra forma como el cristiano pueda interpretarla. El tema general de la Biblia es la persona de Cristo. Una vez vemos esto, todas las partes de los testamentos y libros encajarán más fácilmente en su lugar".

Norman Geisler

Cuando estudiamos la Biblia de forma detallada descubrimos que el Nuevo Testamento estaba "escondido" en el Antiguo Testamento y que a su vez el Antiguo Testamento está revelado en el Nuevo. Si eso es cierto y sabemos que lo es, entonces deberíamos ser capaces de "identificar a Cristo" en el Antiguo Testamento.

En esta sección queremos considerar los primeros cinco libros de la Biblia escritos por Moisés, conocidos como el Pentateuco, donde podemos ver de una forma muy clara cómo ya en esa época Dios estaba inspirando la historia bíblica considerando la venida de su Hijo unos mil quinientos años después. De esta forma es posible encontrar aquellas cosas que apuntaban hacia Él.

En teología hablamos de tipos y antitipos. Un tipo es una persona, un hecho o un símbolo que aparece en el Antiguo Testamento y que tiene su correspondencia en el Nuevo Testamento. Romanos 5:14 establece que Adán fue figura (tipos en griego) del que había de venir. En este caso, Cristo sería su antitipo.

El tipo tiene que corresponder a una realidad histórica y no una ficción y requiere poseer algún valor predictivo porque solo era "sombra de lo que ha de venir", como leemos en Colosenses 2:17 y en Hebreos 10:1. La mayor parte de los tipos que el Nuevo Testamento avala se refieren a la persona de Cristo o su obra.

Es interesante ver cómo el personaje Jesús fue tipificado en el Pentateuco de múltiples maneras reflejando la inspiración sobrenatural de la Biblia y la sabiduría de Dios al revelársele al hombre.

Génesis

Tipo: Adán (Gn. 1-2).
Antitipo: Cristo (Ro. 5:14; 1 Co. 15:45).

Adán fue creado por Dios sin pecado al Dios soplar su aliento de vida en él y Cristo, llamado el último Adán en 1 Corintios 15:45, fue engendrado (no creado) por obra del Espíritu Santo en María, la virgen. En este caso el libro de Romanos llama a Adán literalmente figura o tipo del que había de venir.

Romanos 5:14: "Sin embargo, la muerte reinó desde Adán hasta Moisés, aun sobre los que no habían pecado con una transgresión semejante a la de Adán, el cual es figura del que había de venir".

1 Corintios 15:45: "Así también está escrito: El primer HOMBRE, Adán, FUE HECHO ALMA VIVIENTE. El último Adán, espíritu que da vida".

Tipo: Melquisedec (Gn. 14:18-20).
Antitipo: Cristo (He. 7).

Melquisedec es llamado *rey y sacerdote* del Dios altísimo en Génesis 14, de la misma forma que Jesús es considerado Rey de reyes (Ap. 19:16) y es llamado sacerdote (He. 5:1-5; 7:11-28). Pero aún más, Melquisedec es llamado rey de Salem que "generalmente se la identifica como el antiguo sitio de Jerusalén, la ciudad de Salem, la Uru-Salem, Uru-Salimmu de las inscripciones cuneiformes y egipcias".[16] Cristo no solo es identificado como rey, sino que cuando regrese, regresa a reinar en Jerusalén. La similitud se ve aún en el lugar del reinado de ambos personajes. Hebreos 7:2 identifica a Melquisedec como rey de justicia y como rey de paz. Ambos títulos podrían identificar perfectamente a Cristo, quien de hecho es llamado Príncipe de paz en Isaías 9:6. El sacerdocio de Cristo es comparado con el de Melquisedec como podemos ver en Hebreos 7 de lo cual hablamos en el capítulo 6 de este libro.

Descripción del tipo y antitipo	Melquisedec	Cristo
Rey	De Salem Génesis 14:18 Hebreos 7:1	De Jerusalén Apocalipsis 19:16
Sacerdote	Del Dios Altísimo Génesis 14:18 Hebreos 7:1	Sumo Sacerdote constituido por Dios Hebreos 5:5
El sacerdocio de ambos no tuvo ni principio ni fin	Hebreos 7:3	Hebreos 7:11-28 Salmo 110:4
Sin genealogía que identifique principio ni fin de vida	Hebreos 7:3	Eterno Apocalipsis 1:18
Ambos reconocidos por su reinado de justicia y de paz	Hebreos 7:2	Isaías 9:6

Tipo: José (Gn. 37—41).
Antitipo: Cristo (Los Evangelios).

José fue uno de los doce hijos de Jacob quien fuera vendido como esclavo por sus hermanos cuando estos experimentaron envidia (Gn. 37). Dios permite la venta de José para luego usarlo en

---

16. *Nuevo diccionario bíblico* (Downers Grove, IL: Ediciones Certeza, 1991), p. 1216.

la preservación de los descendientes de los doce hijos de Jacob. Dios usó a José para preservar un remanente.

Génesis 50:19-20: "Pero José les dijo: No temáis, ¿acaso estoy yo en lugar de Dios? Vosotros pensasteis hacerme mal, pero Dios lo tornó en bien para que sucediera como vemos hoy, y se preservara la vida de mucha gente".

Asimismo Cristo vino a preservar el remanente de Dios (Jn. 6:38-39).

Juan 6:38-39: "Porque he descendido del cielo, no para hacer mi voluntad, sino la voluntad del que me envió. Y esta es la voluntad del que me envió: que de todo lo que El me ha dado yo no pierda nada, sino que lo resucite en el día final".

Descripción del tipo y antitipo	José	Cristo
Amados de forma especial por Dios	Génesis 37:3	Juan 17:24
Ambos odiados por sus hermanos	Génesis 37:8	Isaías 53:3
Ambos rechazados como rey por sus hermanos	Génesis 37:8	Juan 19:19-21
Ambos vendidos por dinero	Génesis 37:28	Mateo 26:15
Ambos condenados, pero inocentes	Génesis 39	Mateo 27:23-24
Ambos levantados por Dios de la humillación a la gloria	Génesis 41	Filipenses 2:9-11

Éxodo

Tipo: Moisés
Antitipo: Jesús

El libro del Éxodo nos relata la salida del pueblo judío de Egipto. Dios llamó a Moisés a liberar el pueblo de la esclavitud y llevar a cabo su causa redentora de la opresión como vemos en el siguiente pasaje:

Éxodo 3:6-8a: "Y añadió: Yo soy el Dios de tu padre, el Dios de Abraham, el Dios de Isaac y el Dios de Jacob. Entonces Moisés cubrió su rostro, porque tenía temor de mirar a Dios. Y el SEÑOR dijo: Ciertamente he visto la aflicción de mi pueblo que está en Egipto, y he escuchado su clamor a causa de sus capataces, pues estoy consciente de sus sufrimientos. Y he descendido para librarlos de la mano de los egipcios, y para sacarlos de aquella tierra a una tierra buena y espaciosa, a una tierra que mana leche y miel...".

Pero de la misma manera que Dios llamó a Moisés a liberar al pueblo judío de la esclavitud de Egipto, Dios Padre llamó al Hijo a liberarnos de otra esclavitud; la esclavitud del pecado.

Isaías 61:1: "El Espíritu del Señor DIOS está sobre mí, porque me ha ungido el SEÑOR para traer buenas nuevas a los afligidos; me ha enviado para vendar a los quebrantados de corazón, para proclamar libertad a los cautivos y liberación a los prisioneros".

Igualmente Moisés vino a ser dador de la ley en el Monte Sinaí según vimos en el libro del Éxodo 19-20. Así mismo Cristo como el juez que ha de juzgarnos nos dio la ley de Dios para que podamos agradar a Dios. Los cuatro Evangelios dan testimonio de esto.

Vemos a Cristo reemplazando a Moisés como mediador. Éxodo 33:11 nos dice que Dios hablaba con Moisés cara a cara y entonces Moisés le hablaba al pueblo de parte de Dios. Esa era la función del profeta. Pero ahora en el Nuevo Testamento Cristo ha pasado a ser el único mediador entre Dios y el hombre como vemos en 1 Timoteo 2:5.

La similitud entre Moisés y Cristo en el cumplimiento de sus roles es extraordinaria. Filipenses 2:6-7 dice que Cristo: "aunque existía en forma de Dios no consideró el ser igual a Dios como algo a que aferrarse, sino que se despojó a sí mismo tomando forma de siervo, haciéndose semejante a los hombres...". Cristo renunció a su gloria; a sus privilegios para servir a la causa redentora de Dios. De Moisés, Hebreos 11:25-26 nos dice que: "escogiendo antes ser maltratado con el pueblo de Dios, que gozar de los placeres temporales del pecado, considerando como mayores riquezas el oprobio de Cristo que los tesoros de Egipto; porque tenía la mirada puesta en la recompensa". Cristo abandonó la gloria celestial y Moisés la gloria terrenal de Egipto.

Moisés también renunció a derechos y privilegios que tendría como hijo de la hija de Faraón como Cristo renunció a los suyos como Hijo de Dios. La vida de Moisés se vio amenazada cuando el faraón dio órdenes de matar a todos los recién nacidos de las mujeres judías pero de manera milagrosa Dios salvó a Moisés de esta matanza. Esta historia aparece en el libro del Éxodo 1:15-2:10. De igual manera, la vida de Jesús se vio amenazada cuando el rey Herodes se enteró de que había nacido el Rey de los judíos (Jesús) y llenándose de ira y de celos ordenó la matanza de todos los niños judíos menores de dos años como relata Mateo en el capítulo 2. Jesús también fue salvado de manera milagrosa por Dios.

Dios llamó a Moisés a reunirse con Él en el Monte Sinaí; y nos cuenta el relato bíblico que Moisés descendió con su rostro radiante; tan radiante que el pueblo le pidió que se cubriera el rostro porque no podían verle después de Moisés haber estado en la presencia de Dios (Éx. 34:29-35). En el Nuevo Testamento encontramos un pasaje donde Cristo sube al monte a orar y allí Lucas nos dice que: "Mientras oraba, la apariencia de su rostro se hizo otra, y su ropa se hizo blanca y resplandeciente" (Lc. 9:29). Una experiencia muy similar a la tenida por Moisés.

En otra ocasión Moisés subió al Monte Sinaí y estuvo allí con Jehová por cuarenta días y cuarenta noches. Éxodo 34:28 dice que Moisés: "no comió pan, ni bebió agua" durante ese tiempo. Este ayuno sobrenatural de cuarenta días lo vemos también en la vida de Jesús según nos relata Mateo 4:2.

La celebración de la pascua judía (Éx. 12:21-24) vinculada a la redención y partida del pueblo hebreo de Egipto, apuntaba a la persona de Jesús. La noche en que se celebraba la Pascua judía, Jesús se apartó con sus discípulos para celebrar la última cena (Mt. 26:17-30; Lc. 22:7-23) dándole una nueva dimensión a lo que había sido la Pascua judía hasta ese momento. Él se convirtió en nuestra Pascua (1 Co. 5:7).

Descripción del tipo y antitipo	Moisés	Cristo
Causa redentora: Libertad de la esclavitud	Éxodo 3:6-8a	Isaías 61:1
Dador de ley	Éxodo 19-20	Los cuatro Evangelios
Renunciaron a su gloria	Filipenses 2:6-7	Hebreos 11:25-26
Amenazados de muerte en la infancia	Éxodo 1:15-2:10	Mateo 2
Transfigurados	Éxodo 34:29-35	Lucas 9:29
40 días de ayuno	Éxodo 34:28	Mateo 4:2
Celebración de la Pascua	Éxodo 12:21-28	1 Co. 5:7; Mt. 26:17-30; Lucas 22:7-23

Levítico

Tipo: Las fiestas judías / El sumo sacerdote
Antitipo: Jesús

El libro de Levíticos es el libro de la santidad; es el libro en el que Dios expresa su deseo de que el pueblo sea santo porque Él es santo. Este libro describe las funciones del sacerdote, las diferentes formas de purificación del pueblo y las diferentes fiestas judías que apuntaban todas a la venida de Jesús.

El sacerdote y el sumo sacerdote del libro de Levíticos (capítulos 8—9) son dejados atrás en el Nuevo Testamento y Cristo es constituido nuestro Sumo Sacerdote (He. 7:11-28).

En adición cada una de las fiestas judías tenía una implicación cristológica. La Pascua y la Fiesta de los panes sin levadura fueron establecidas en Egipto antes de salir según leemos en Éxodo 12. Pero una vez fuera de Egipto es en Levítico 23 donde encontramos la descripción de estas fiestas y la institución de las demás fiestas judías, todas apuntando hacia la persona de Jesús. La Pascua recordaba su salida de Egipto y la fiesta de los primeros frutos se celebraba para dar gracias a Dios por la cosecha de los granos cosechados durante el invierno.

La Pascua apuntaba hacia la muerte sustitutiva de Jesús por nosotros y nuestra salvación por medio de su sangre. Y la *fiesta de los panes sin levadura* nos habla del sacrificio ofrecido por Cristo en la cruz al morir sin nunca haber pecado. La levadura en la Palabra es usada como símbolo de pecado (Mt. 16:6, 11; Mr. 8:15). Por lo tanto, el pan sin levadura era simbólico de la santidad con que viviría y moriría nuestro Señor.

La fiesta de los primeros frutos era celebrada el 16 de Nisán, el primer mes del calendario judío que corresponde a marzo-abril del nuestro. Se celebraba dos días después de la fiesta de la Pascua; al otro día del día de reposo (Lv. 23:11). Jesús es crucificado un 14 de Nisán y resucita el domingo 16 de Nisán, justamente durante la celebración de la fiesta de los primeros frutos.[17] Su resurrección (los primeros frutos) garantiza la nuestra (postreros frutos).

1 Corintios 15:20: "Mas ahora Cristo ha resucitado de entre los muertos, primicias de los que durmieron".

La fiesta de las semanas (Lv. 23:15-16) conocida en hebreo como *Shavuot* y en griego como *Pentecostés* (Hch. 2), significa cincuenta porque era celebrada cincuenta días después de la fiesta de los primeros frutos. El primer Pentecostés ocurrió cincuenta días después de la resurrección, ya que Cristo resucitó el día de la fiesta de los primeros frutos (el 16 de Nisán). Pentecostés (celebrada en junio) marcaba el comienzo de la cosecha de trigo del verano, de la misma manera que la fiesta de los primeros frutos, celebrada en la primavera, marcaba el comienzo de la cosecha de cebada sembrada durante el invierno.

El sermón de Pedro, predicado ese día (Hch. 2), cincuenta días después de la resurrección, trajo los primeros tres mil convertidos después de su muerte y resurrección; confirmando que Cristo verdaderamente representa las primicias o nuestros primeros frutos.

---

17. Kevin Howard y Marvin Rosenthal, *The Feasts of the Lord* [Las fiestas del Señor] (Nashville, TN: Thomas Nelson Publishers, 1997), pp. 75-87.

El día de la expiación, conocido hoy como *Yom Kippur,* era el día más extraordinario del calendario judío. El día cuando el sumo sacerdote entraba al lugar santísimo y ofrecía sacrificios por el pecado del pueblo (Lv. 23:27). Ya en el capítulo seis explicamos algunas de las cosas que ocurrían ese día. En el Nuevo Testamento, Cristo es ese sumo sacerdote que vino y ofreció sacrificio una sola vez y para siempre para el perdón de los pecados del mundo.

Hebreos 5:10: "siendo constituido (Jesús) por Dios sumo sacerdote según el orden de Melquisedec".

Hebreos 6:19-20: "la cual tenemos como ancla del alma, una esperanza segura y firme, y que penetra hasta detrás del velo, donde Jesús entró por nosotros como precursor, hecho, según el orden de Melquisedec, sumo sacerdote para siempre".

Hebreos 7:26-27: "Porque convenía que tuviéramos tal sumo sacerdote: santo, inocente, inmaculado, apartado de los pecadores y exaltado más allá de los cielos, que no necesita, como aquellos sumos sacerdotes, ofrecer sacrificios diariamente, primero por sus propios pecados y después por los pecados del pueblo; porque esto lo hizo una vez para siempre, cuando se ofreció a sí mismo".

Si había una fiesta que apuntaba directamente a lo que Cristo vendría a hacer por nosotros, esta era la del día de la expiación.

Descripción del tipo y antitipo	Tipo en Levítico	Antitipo en Nuevo Testamento
La Pascua judía	Lv. 23:5	1 Co. 5:7; Mt. 26:26-29
La fiesta de los panes sin levadura	Lv. 23:6	2 Co. 5:21
La fiesta de los primeros frutos	Lv. 23:11	1 Co. 15:20
La fiesta de las semanas (Pentecostés)	Lv. 23:15-16	Hechos 2
La fiesta del día de la expiación	Lv. 23:27	Hebreos 7:26-27

Números

En este cuarto libro del Pentateuco, Cristo es tipificado de varias maneras. Es en este libro de Números en el capítulo 20 donde encontramos que Dios le dio agua de beber al pueblo a partir de la roca que golpeó Moisés; sin embargo, el apóstol Pablo nos deja ver cómo esa roca representó a Cristo mismo.

1 Corintios 10:4: "y todos bebieron la misma bebida espiritual, porque bebían de una roca espiritual que los seguía; y la roca era Cristo".

En Números 21:4-9 leemos acerca de aquella ocasión cuando el pueblo fue salvado de las mordeduras de las serpientes venenosas mediante la serpiente de bronce levantada en medio del campo.

Números 21:6-9: "Y el SEÑOR envió serpientes abrasadoras entre el pueblo, y mordieron al pueblo, y mucha gente de Israel murió. Entonces el pueblo vino a Moisés y dijo: Hemos pecado, porque hemos hablado contra el SEÑOR y contra ti; intercede con el SEÑOR para que quite las serpientes de entre nosotros. Y Moisés intercedió por el pueblo. Y el SEÑOR dijo a Moisés: Hazte una serpiente abrasadora y ponla sobre un asta; y acontecerá que cuando todo el que sea mordido la mire, vivirá. Y Moisés hizo una serpiente de bronce y la puso sobre el asta; y sucedía que cuando una serpiente mordía a alguno, y éste miraba a la serpiente de bronce, vivía".

Compare este texto con el siguiente:

Juan 3:14-15: "Y como Moisés levantó la serpiente en el desierto, así es necesario que sea levantado el Hijo del Hombre, para que todo aquel que cree, tenga en Él vida eterna".

Hoy somos salvos mirando y aceptando a aquel que fue levantado en la cruz; Él vino y nos salvó de la mordida del pecado. A esto apuntaba la serpiente de bronce de que nos habla este libro.

Descripción del tipo y antitipo	Tipo en Números	Tipo en Nuevo Testamento
La serpiente levantada en el desierto apuntaba a Cristo levantado en la cruz	Números 21:4-9	Juan 3:14-15
La roca de donde bebieron	Números 20:1-13	1 Co. 10:4

Deuteronomio

En este último libro del Pentateuco la referencia más clara a la persona de Jesús la vemos en el siguiente texto:

Deuteronomio 18:15: "Un profeta de en medio de ti, de tus hermanos, como yo, te levantará el SEÑOR tu Dios; a él oiréis".

A este pasaje hacia Esteban referencia mientras hablaba a la multitud judía el día de su ajusticiamiento.

Como vemos, se hace prácticamente imposible escudriñar las Escrituras sin encontrar referencias con implicaciones cristológicas. Ciertamente Cristo es la piedra angular sobre la que está construido todo el edificio tanto del Antiguo como del Nuevo Testamento.

Descripción del tipo y antitipo	Tipo en Deuteronomio	Antitipo en Nuevo Testamento
Cristo sería levantado como profeta en medio del pueblo judío	Deuteronomio 18:15	Hechos 7:37

Conclusión

La unidad de la Biblia es uno de los argumentos a favor de su credibilidad. La Biblia está compuesta de sesenta y seis libros escritos por unos cuarenta autores diferentes a través de unos mil quinientos años aproximadamente. Pero no contiene sesenta y seis temas, sino uno solo: "El pecado del hombre y la redención de Dios mediante la persona de Jesucristo".

Cristo o un tema cristológico puede ser encontrado en cada uno de los libros de la Biblia y es por eso que sin temor a equivocarnos podemos decir que toda la Biblia es acerca de la persona de Jesús y Jesús dio testimonio de esto en cinco ocasiones diferentes:

Mateo 5:17: "No penséis que he venido para abolir la ley o los profetas; no he venido para abolir, sino para cumplir".

Lucas 24:27: "Y comenzando por Moisés y continuando con todos los profetas, les explicó lo referente a El en todas las Escrituras".

Lucas 24:44: "Y les dijo: Esto es lo que yo os decía cuando todavía estaba con vosotros: que era necesario que se cumpliera todo lo que sobre mí está escrito en la ley de Moisés, en los profetas y en los salmos".

Juan 5:39: "Examináis las Escrituras porque vosotros pensáis que en ellas tenéis vida eterna; y ellas son las que dan testimonio de mí".

Hebreos 10:7: "ENTONCES DIJE: HE AQUI, YO HE VENIDO (EN EL ROLLO DEL LIBRO ESTA ESCRITO DE MI) PARA HACER, OH DIOS, TU VOLUNTAD".

El Pentateuco que acabamos de revisar es una de las secciones de la Biblia donde Cristo puede ser visto con más claridad.

Preguntas

1. ¿Qué es un tipo y un antitipo?

2. ¿Cuál es la importancia de encontrar los tipos del Antiguo Testamento?

3. La comunión o santa cena instituida por Cristo vino a reemplazar o a tomar el lugar de ¿cuál de las celebraciones judías?

4. ¿Cuál de las fiestas judías es que mejor tipifica el trabajo de Cristo en la cruz?

5. ¿Cuál es el tipo y antitipo encontrado en el libro de Deuteronomio?

CAPÍTULO 14

JESÚS COMO PERSONAJE ÚNICO EN LA HISTORIA

"Él es absolutamente único en la historia; en enseñanza, en ejemplo, en carácter, una excepción, una maravilla y es en sí mismo la evidencia del cristianismo".

ARTHUR T. PIERSON

A través de los años muchos líderes religiosos han pasado por esta tierra pero ninguno tuvo las condiciones que Cristo llenó para ser considerado como único en toda la historia. Cristo fue único en el tiempo, único en su naturaleza, único en su nacimiento, único en su esencia (santidad), único en autoridad, único en su muerte y resurrección y único en su rol de mediador. Por eso impactó a la humanidad y su efecto continúa sintiéndose en toda la tierra aún después de casi dos mil años de su muerte.

Jesús fue único en el tiempo

Jesús es único en su existencia porque la Palabra afirma que Él ha existido desde toda la eternidad.

Juan 1:1: "En el principio existía el Verbo, y el Verbo estaba con Dios, y el Verbo era Dios".

Apocalipsis 1:8: "Yo soy el Alfa y la Omega -dice el Señor Dios- el que es y que era y que ha de venir, el Todopoderoso" (Ap. 21:6; 22:13). La eternidad es una característica intrínseca de Dios, el Creador de todo cuanto existe. La Palabra de Dios afirma de múltiples maneras la eternidad de la persona de Jesús, algo que de ningún otro líder religioso ha proclamado. Los interesados en negar la divinidad de Jesús lo han presentado como una criatura y obviamente toda criatura ha debido tener un comienzo y toda persona que haya tenido un comienzo no puede ser Dios, por definición. Tanto los Testigos de Jehová como los mormones no creen en Cristo como Dios porque lo ven como un ser creado y por lo tanto contradicen una de las doctrinas fundamentales de la fe cristiana.

Jesús fue único en su naturaleza.

La Palabra de Dios afirma que el verbo (Cristo) se hizo carne y habitó entre nosotros (Jn. 1:14) y afirma también que aquel que era igual a Dios no consideró su igualdad con Dios como algo a qué aferrarse, sino que se despojó de su gloria y se hizo hombre (Fil. 2:6-8), permaneciendo 100% hombre y 100% Dios. Durante su vida exhibió características humanas y atributos divinos. Nunca nadie ha oído algo semejante fuera de la persona de Jesús.

Jesús fue único en su nacimiento.

Ya en el Antiguo Testamento se había profetizado que una virgen concebiría. Isaías 7:14 dice lo siguiente: "Por tanto, el Señor mismo os dará una señal: He aquí, una virgen concebirá y dará a luz un hijo, y le pondrá por nombre Emmanuel".

Esta profecía se ve confirmada en el Nuevo Testamento en Mateo 1:23 y más ampliamente explicado en el capítulo 1 de Lucas. El nacimiento mismo de Cristo fue un milagro y es por eso que Isaías habla de que el pueblo recibiría una señal. Una señal, desde el punto de vista bíblico, es un símbolo que trata de confirmar que lo que estamos presenciando es obra de Dios y no del hombre.

Jesús fue único en su vida de santidad.

Su vida fue sin pecado como afirma 2 Corintios 5:21: "Al que no conoció pecado, le hizo pecado por nosotros, para que fuéramos hechos justicia de Dios en Él". Cristo nació sin pecado, vivió sin pecado y murió sin pecado, algo que ningún otro ser humano ha podido hacer.

Al decir que vivió sin pecado estamos afirmando implícitamente que Jesús cumplió a cabalidad la ley dada al pueblo judío y al cumplir con la ley por completo, llenó los requisitos para calificar como la persona que pudo ir a la cruz en nuestro lugar. A través de su vida perfecta, Cristo acumuló los méritos necesarios para garantizar nuestra salvación.

Jesús fue único en autoridad.

El sentido de autoridad de Jesús provenía precisamente de quién Él era. Jesús no solo fue un maestro, sino que Él era la persona hacia quien apuntaban sus enseñanzas. Su autoridad no fue impuesta, sino sentida de forma natural.

En Mateo 28:18 leemos lo siguiente: "Y acercándose Jesús, les habló, diciendo: Toda autoridad me ha sido dada en el cielo y en la tierra". Tanto en hechos como en palabras, Jesús exhibió una autoridad nunca vista antes como hablamos anteriormente y como vemos en el siguiente pasaje:

Marcos 1:22, 27: "Y se admiraban de su enseñanza; porque les enseñaba como quien tiene autoridad, y no como los escribas… Y todos se asombraron de tal manera que discutían entre sí, diciendo: ¿Qué es esto? ¡Una enseñanza nueva con autoridad! Él manda aun a los espíritus inmundos y le obedecen".

Su autoridad se extendió más allá de lo que fueron sus enseñanzas:

- **Declaró tener autoridad para perdonar pecados.**

Marcos 2:10: "Pues para que sepáis que el Hijo del Hombre tiene autoridad en la tierra para perdonar pecados (dijo al paralítico)". Esta potestad solo puede ser ejercida por Dios. El que Él perdonara pecados irritó a muchos de los judíos porque ellos entendían que solo Dios puede hacer esto y haciéndolo, Él se hacía pasar por Dios.

- **Demostró tener autoridad para expulsar demonios.**

Lucas 4:36: "Y todos se quedaron asombrados, y discutían entre sí, diciendo: ¿Qué mensaje es éste? Porque con autoridad y poder manda a los espíritus inmundos y salen". No hay un solo caso donde los demonios se hayan resistido a su autoridad. Los demonios reconocían su señorío (Mt. 8:29-32).

Mateo 8:29-32: "Y gritaron, diciendo: ¿Qué tenemos que ver contigo, Hijo de Dios? ¿Has venido aquí para atormentarnos antes del tiempo? A cierta distancia de ellos había una piara de muchos cerdos paciendo; y los demonios le rogaban, diciendo: Si vas a echarnos fuera, mándanos a la piara de cerdos. Entonces El les dijo: ¡Id! Y ellos salieron y entraron en los cerdos; y he aquí que la piara entera se precipitó por un despeñadero al mar, y perecieron en las aguas".

- **Vino con autoridad para juzgar lo bueno y lo malo; los que reciben salvación y los que van a condenación.**

Juan 5:27: "y le dio autoridad para ejecutar juicio, porque es el Hijo del Hombre". La palabra afirma que todos compareceremos ante el tribunal de Cristo para rendir cuenta de lo hecho por nosotros aquí en la tierra (2 Co. 5:10). Para aquellos que le hemos recibido Él es el juez pero es a la vez nuestro abogado defensor (Ro. 8:1); algo insólito en un tribunal. Si el juez está por nosotros nadie podrá estar contra nosotros.

- **Demostró tener autoridad sobre la vida y la muerte.**

Juan 10:18: "Nadie me la quita (la vida), sino que yo la doy de mi propia voluntad. Tengo autoridad para darla, y tengo autoridad para tomarla de nuevo. Este mandamiento recibí de mi Padre". La resurrección de Lázaro y luego la suya misma son la mejor evidencia de que Cristo verdaderamente tenía poder sobre la muerte y la vida. Por eso pudo decir: "Yo soy el camino, y la verdad, y la vida..." (Jn. 14:6).

- **Vino con autoridad para dar vida eterna a aquellos que el Padre les dio.**

Juan 17:2: "por cuanto le diste autoridad sobre todo ser humano para que dé vida eterna a todos los que tú le has dado". Jesús determina dónde pasaré la eternidad: En la presencia de Dios o separado de Él.

- **Jesús fue único en su muerte.**

Llegó hasta la muerte sin haber pecado y en la cruz cargó con los pecados de toda la humanidad, después de haber sido rechazado y burlado y murió diciendo: "Padre perdónalos porque no saben lo que hacen". Nadie ha declarado haber muerto por los pecados de otros y nadie ha calificado para morir en lugar de otro... solo Jesús.

2 Corintios 5:21: dice: "Al que no conoció pecado, le hizo pecado por nosotros, para que fuéramos hechos justicia de Dios en El".

1 Pedro 2:24: dice: "y El mismo llevó nuestros pecados en su cuerpo sobre la cruz, a fin de que muramos al pecado y vivamos a la justicia, porque por sus heridas fuisteis sanados".

- **Jesús fue único en su resurrección.**

La evidencia histórica de la resurrección de Jesús ya ha sido discutida en un capítulo anterior pero queremos enfatizar que al resucitar, Jesús de forma extraordinaria, probó su singularidad. Nadie más ha declarado su resurrección y mucho menos probado. El testimonio de la iglesia primitiva es abrumador. 1 Corintios 15:6 dice: "luego se apareció a más de quinientos hermanos a la vez, la mayoría de los cuales viven aún, pero algunos ya duermen". Muchos murieron por no negar algo que habían visto. Dos mil años después la tumba vacía continúa transformando vidas.

- Jesús único en su rol de mediador.

A pesar de que muchos han profesado ser mediadores de los dioses y otros rinden culto a supuestos mediadores entre Dios Padre y el hombre, solo Jesús ha calificado para ser mediador. Esto lo atestigua la misma Palabra.

1 Timoteo 2:5: "Porque hay un solo Dios, y también un solo mediador entre Dios y los hombres, Cristo Jesús hombre".

Esta es la razón por la que Jesús nos instruyó a orar en su nombre.

Todo lo dicho anteriormente hace de Jesús una persona incomparable y única. Nadie ha cambiado el mundo y el rumbo de la civilización como Él lo hizo. En eso, también es singular. Jesús ha sido singular en todo, como hombre, como siervo, como profeta, como sacerdote, como rey, como maestro, como líder religioso y como personaje de la historia. Su vida impactó la humanidad de tal forma que aún hoy se habla de antes de Cristo y después de Cristo.

Bien dice la Palabra en Filipenses 2:9-11: "Por lo cual Dios también le exaltó hasta lo sumo, y le confirió el nombre que es sobre todo nombre, para que al nombre de Jesús SE DOBLE TODA RODILLA de los que están en el cielo, y en la tierra, y debajo de la tierra, y toda lengua confiese que Jesucristo es Señor, para gloria de Dios Padre". Su señorío se extiende sobre el creyente, sobre el incrédulo, sobre los ángeles, sobre los demonios y aun sobre la naturaleza.

Colosenses 1:15-17 establece:
- Que Él es el primogénito (significa preeminencia en griego) sobre toda la creación.

- Que todas las cosas fueron creadas por Él.
- Que todas las cosas tienen su **consistencia** en Él.

Conclusión

De forma indirecta aun otros líderes religiosos y fundadores de otras religiones han puesto de manifiesto la singularidad del personaje Jesús. Consideremos las siguientes afirmaciones:

Mahoma dijo: "Si Dios no tiene misericordia de mí no tengo esperanza".
Jesús dijo: "A menos que creas en mí, morirás en tus pecados".

Confucio dijo: "Nunca dije que yo era santo".
Jesús dijo: "¿Quién me acusa de pecado?"

Buda dijo: "Soy alguien en busca de la verdad".
Jesús dijo: "Yo soy la Verdad".

Buda nunca dijo ser Dios. Moisés nunca dijo ser Jehová. Mahoma nunca dijo ser Alá. Pero Jesús dijo ser el verdadero Dios viviente. Por eso creemos y seguimos a Jesús y no a otros "dioses".

Preguntas

1. Cite algunas condiciones que Cristo llenó para ser considerado como único en toda la historia.

2. La autoridad demostrada por Jesús fue única. Explique por qué.

3. Muchos son los que aceptan la existencia de otros mediadores entre Dios y el hombre. Mencione qué versículo de la Biblia se opone de manera clara a esta idea y declara a Cristo único como mediador.

4. En este capítulo aparecen tres fases de tres personajes famosos, Buda, Mahoma y Confucio. Compare estas frases con las afirmaciones que Jesús hizo de sí mismo.

5. Investigue acerca del efecto que ha tenido el personaje Jesús en los últimos dos mil años y mencione tres o cuatro de las más importantes.

CAPÍTULO 15

¿POR QUÉ JESÚS Y NO OTROS DIOSES?

"Jesús le dijo: Yo soy el camino, y la verdad, y la vida; nadie viene al Padre sino por mí".

JUAN 14:6

Encontrar respuesta al cuestionamiento de "¿por qué Jesús y no otros dioses?", es de importancia capital para todo aquel que ande en busca de la verdad teológica, sobre todo, porque en medio de una sociedad pluralista como la que nos rodea en la actualidad, todas las ideas y todos los conceptos parecen tener la misma aceptación. La sociedad pluralista se define como aquella en la que la multiplicidad de ideas y conceptos pueden coexistir libremente y en la que el Estado protege el derecho a la libre expresión y a la libre aplicación de esos conceptos.

En medio de la sociedad del siglo XXI sobreabundan las definiciones, las ideas y los conceptos en torno a la persona de Jesús, lo que ha dado lugar a través del tiempo, a que muchas personas hayan sido confundidas. De ahí la importancia de establecer la verdad. En medio de ese pluralismo teológico existen tres posiciones relativas a Cristo y al cristianismo.

1. La posición pluralista que acepta que todas las religiones son igualmente válidas. En este sentido aclaramos que no es lo mismo decir que todo el mundo tiene el derecho de profesar la religión que quiera (con lo que sí estamos de acuerdo), a decir que todas las religiones son igualmente válidas.
2. La posición inclusivista que establece que aunque Cristo es alguien especial, no es la única verdad; que hay otras igualmente válidas. De ser así, podríamos ser cristianos e hinduistas al mismo tiempo porque el aceptar a Cristo no excluiría a otros dioses.
3. La posición exclusivista que rechaza toda otra creencia o religión contraria a la fe cristiana y que defiende a Cristo como la única verdad. Cristo mismo dijo: "Yo soy el camino, y la verdad, y la vida, nadie viene al Padre sino es por mí" (Jn. 14:6).

¿Por qué el cristianismo es exclusivista?

El cristianismo parte del principio de que toda verdad es única y exclusiva. Por ejemplo: Si una ley física establece que dos cuerpos no pueden ocupar el mismo lugar en el espacio, al mismo tiempo, lógicamente un cuerpo está excluyendo al otro. Del mismo modo, si la luz viaja a 300.000 km/seg, esta velocidad excluye todas las demás velocidades. ¿Por qué? Porque esa es la verdad y no puede haber dos verdades. Por lo tanto, el cristianismo es exclusivista porque sabe (no simplemente cree), que tiene la verdad revelada por Dios.

Hoy día está muy "de moda" decir que todas las religiones son iguales y que llevan al mismo lugar, lo cual es un absurdo a la luz de toda lógica. La única religión que en su doctrina establece que las religiones son todas iguales y que ellas son simplemente expresiones diferentes del hombre, es la religión Bahai pero esto no es lógicamente congruente. Las religiones difieren grandemente en muchos de sus conceptos fundamentales acerca de:

- Dios
- El cielo

- El pecado
- El origen del ser humano
- Satanás
- La gloria
- La salvación
- El propósito de la vida

Dado todo esto, es descabellado pensar que religiones que difieren en conceptos tan esenciales como estos pudieran todas llevar al mismo lugar. Pero hay, además, otras consideraciones para negar la posibilidad de que todas las religiones sean iguales. Consideremos estas tres observaciones:

- El budismo nació como un rechazo al hinduismo;
- El islamismo rechaza al budismo y también al hinduismo y
- El cristianismo las rechaza a las tres.

¿Cómo se puede decir entonces que todas las religiones son iguales?

Para afirmar esto tenemos que ser inocentes o ilógicos o ignorantes de lo que afirman las demás religiones. Una de las acusaciones que se les hace a los cristianos es que son "cerrados" porque no aceptan otra religión. Ante una expresión como esa, la respuesta más adecuada sería: "¿Cuál es la diferencia entre tú y yo, si yo no acepto la tuya y tú no aceptas la mía? En este caso tú serías igual de cerrado porque también estarías siendo exclusivista al excluir mi posición".

El individuo promedio de nuestra sociedad no cree que existan valores absolutos y por eso él piensa que todas las religiones son igualmente válidas. La próxima vez que se encuentre con alguien que no crea en valores absolutos, pregúntele a esa persona si está absolutamente seguro de lo que dijo; si lo está, él o ella acaba de afirmar un absoluto y con esto ha derribado su propia posición.

La ley de la no contradicción

Lo que le da autenticidad a un personaje, a un movimiento, a una historia y sobre todo a una religión, lo que la hace confiable y creíble es que no viole la ley de la no contradicción. La ley de la no contradicción establece que dos aseveraciones contrarias no pueden ser ciertas si son dichas en un mismo sentido y en un mismo tiempo. Por ejemplo: Si alguien le pregunta a mi esposa dónde vivimos y ella responde que en República Dominicana y yo respondo que en Puerto Rico, ambos no podemos estar diciendo la verdad. Las religiones no cristianas están plagadas de contradicciones y esto es bien demostrable. Existen cuatro preguntas claves que debemos hacernos para encontrar las contradicciones en cualquier religión y son las siguientes:

1. ¿De dónde vengo? **Origen**
2. ¿Para qué estoy aquí? **Propósito**
3. ¿Qué es bueno o malo? **Moralidad**
4. ¿Para dónde voy al final? **Destino**

Analizando las contradicciones

Budismo	
Origen	El hombre surge a partir de un proceso evolutivo. El budismo deja sin explicar el comienzo y el fin del hombre y del universo. Si no sé de dónde vengo, tampoco puedo saber qué hago aquí.
Propósito	Liberar al hombre de sus prisiones. Esas prisiones están representadas por los deseos egoístas de los hombres. Para una gran parte del budismo, no hay un verdadero Dios; es una religión atea. Para qué lograr esta "liberación" si al final de mi vida, todo acaba ahí. Mejor sería vivir la buena vida.

Moralidad	Aunque el budismo habla de los deseos egoístas del hombre, los cuales lo mantienen en prisión, no existe en el budismo una forma objetiva de definir lo bueno y lo malo. No hay Dios, por lo tanto no hay estándar por el cual se pueda establecer cuáles son los deseos egoístas. Existe la idea de que hay que hacer el bien a todo el mundo. Pero, ¿cómo definir el bien en ausencia de Dios y de un estándar?
Destino	Salir de sus prisiones siguiendo ocho pasos de liberación. Algunos creen en la reencarnación. Otros creen que lo que reencarna son los deseos, cosa imposible porque los deseos no son entidades para poder reencarnar. Solo algunos llegan a alcanzar lo que ellos llaman el Nirvana; un estado de la condición del individuo cuando ya se ha liberado de los deseos egoístas de la carne. ¿Cómo sé que estoy en prisión, si no hay un estándar por el cual medir lo que es libertad? ¿Y luego de alcanzar el Nirvana, entonces qué? Mueres y ahí se acabó todo.

Hinduismo	
Origen	Una parte del hinduismo es panteísta, lo que significa que todo es Dios: Yo soy dios, tú eres dios y una piedra es dios. Esto implica que el mundo con todo lo bueno y lo malo es una extensión de Brahma. Todo es parte de él. En este caso Brahma tendría que ser bueno y malo al mismo tiempo, limitado e ilimitado, eterno y temporal. Si la creación es parte de Brama, Brama necesita de su creación para estar completo; es un ser dependiente. Por lo tanto, queda descalificado como Dios. La otra posición dentro del hinduismo es que el mundo es una ilusión de Brahma, su dios. Es decir, nada existe, nadie existe. Por lo tanto, el mundo es una ilusión. La gran contradicción está en que ¿Por qué se preocupan ellos entonces? Si al cruzar la calle, por ejemplo, me atropella un carro; si yo soy solo una ilusión y el carro también es una ilusión, ¿por qué preocuparme por el accidente? (*) Vea ilustración

Propósito	El hinduismo panteísta es reencarnacionista; se vive para purificarse a través del karma, es decir, se vuelve a la tierra para pagar lo que hayamos hecho en el pasado. Para aquellos que creen que solo somos una ilusión o sueño de Brahma, entonces no hay propósito en la vida porque yo no existo.
Moralidad	Para muchos hinduistas lo malo o lo bueno no existe porque somos solo una ilusión. Como ilustración, ¿por qué debo preocuparme cuando alguien me quiere dejar caer una taza da agua caliente encima? Si en definitiva "eso no está ocurriendo"; ó ¿para qué dar anestesia a un paciente al hacer una cirugía? El uso de la anestesia sería una contradicción. Para otros hinduistas lo malo que alguien sufre es consecuencia de su mal karma; es merecido. ¿Para qué entonces tener compasión? Pero hay hinduistas compasivos. El hinduismo no pasa la prueba de la práctica porque como muestran estos dos ejemplos, hay una contradicción entre la práctica y lo que profesa la religión.
Destino	En el hinduismo, al final de múltiples reencarnaciones, se llega al estado máximo de perfección. Es entonces cuando se produce la unidad total con Dios. Nueva contradicción: Si solo soy ilusión, ¿cómo puedo hacerme uno con Dios?

(*) Ilustración:

Si un niño pregunta a su padre "¿de dónde vengo?" El padre regularmente responde con algo como esto: Toma una fruta y le pregunta: "¿Qué es esto?" El niño responde: "Una fruta". El padre corta en dos la fruta: "Y ahora ¿qué ves?" "La pulpa", responde. Luego el padre quita la pulpa. "¿Qué ves?" "La semilla", responde él. El padre corta la semilla y pregunta de nuevo: "¿Y ahora qué ves?"

"Nada, no hay nada dentro". Entonces el padre concluye diciendo: "De esa nada salió la semilla; de esa nada salimos todos y esa nada la compartimos con el universo". (Ilustración del Profesor Ravi Zacharias en uno de sus mensajes).

Esta historia, muy propia de este sistema religioso es totalmente contradictoria porque la primera ley de la termodinámica establece que "de la nada, nada sale".

Islamismo	
Origen	Alá creó el universo
Propósito	Solo Alá sabe para qué estoy aquí. Alá lo decide todo de forma arbitraria. Por lo tanto, nadie tiene ni siquiera idea del propósito de su propia vida. No sé para qué vivir entonces.
Moralidad	Alá define de manera arbitraria lo que es bueno y lo que es malo. Por lo tanto no sé exactamente cómo debo vivir. Es una religión fatalista.
Destino	Se enseña que hay un cielo y un infierno; que al final se sopesarán tus obras y por ellas te salvas o te condenas. Tus obras te salvan. Pero la realidad es que nuestras obras nunca califican para llenar la perfección de Dios.

Cristianismo	
Origen	Fuimos creados por Dios. **Génesis 1:26:** "Y dijo Dios: Hagamos al hombre a nuestra imagen, conforme a nuestra semejanza..." **Efesios 2:10a:** "Porque somos hechura suya, creados en Cristo Jesús..."
Propósito	Fuimos creados para un propósito definido. **Efesios 2:10b:** "...para hacer buenas obras, las cuales Dios preparó de antemano para que anduviéramos en ellas".

Moralidad	**Éxodo 20:** La ley moral fue revelada por Dios en Diez Mandamientos y a lo largo de la Biblia. De modo que hay un estándar definido de lo que es bueno o malo y de quién establece el estándar. **2 Corintios 5:10:** "Porque todos debemos comparecer ante el tribunal de Cristo para que cada quien sea recompensado por sus hechos estando en el cuerpo, de acuerdo con lo que hizo, sea bueno o sea malo". Hay un juez y una ley moral.
Destino	**Juan 3:36:** "El que cree en el Hijo tiene vida eterna, pero el que no obedece al Hijo no verá la vida, sino que la ira de Dios permanece sobre él". El infierno está reservado para aquellos que llegan al final de su vida habiendo rechazado a la persona de Cristo.

Conclusión

La fe cristiana responde a las cuatro preguntas fundamentales, cuyas respuestas congruentes le dan autenticidad a una religión de una forma coherente y no contradictoria. De ahí el porqué Jesús y no otros dioses.

- Recuerde siempre que toda verdad es exclusiva por definición.
- Cuando se le acuse de que el cristianismo es exclusivista porque no acepta otras posiciones, explíquele a quien le cuestione que él o ella está siendo tan exclusivista como usted por no querer aceptar su posición.
- No se deje intimidar por aquellos que le llaman exclusivista. Jesús ya lo dijo: "Nadie puede venir a mí, si no lo trae el Padre que me envió…" (Jn. 6:44).
- Levántese y defienda el estándar de Dios pero "hacedlo con mansedumbre y reverencia" (1 P. 3:15).

Preguntas

1. Defina el concepto de una sociedad pluralista.

2. ¿Por qué decimos que el cristianismo es exclusivista?

3. ¿Cómo respondería a aquellos que dicen que todas las religiones son iguales y que llevan a un mismo lugar?

4. ¿Cómo responde el cristianismo a las cuatro preguntas claves: ¿De dónde vengo? ¿Para qué estoy aquí? ¿Qué es bueno o malo? ¿Para dónde voy al final?

5. Después de leer este capítulo, ¿qué respuesta daría al argumento de que todas las religiones llevan al mismo Dios?

CONCLUSIÓN

Jesús, un hombre de contrastes

"En Él vemos la uniforme armonía y simetría de la gracia: Su amor por Dios y el hombre, su dignidad y humildad, su fuerza y su ternura, su grandeza y sencillez y su autocontrol y sumisión. Es la absoluta perfección del carácter de Cristo lo que lo hace un milagro moral en la historia".

Philip Schaff

Al estudiar la vida de Jesús nos encontramos con una serie de contrastes o paradojas que se conjugan en su persona de una forma singular. Algunos de estos contrastes son tan marcados y tan llenos de enseñanzas que vale la pena revisar algunos de los más importantes.

Cuando comparamos al hombre con el resto de las criaturas aquí en la tierra, encontramos múltiples similitudes desde su nacimiento hasta su muerte. Sin embargo, entre Dios y el hombre existen diferencias irreconciliables. Dios es eterno pero el hombre tuvo un comienzo; Dios es infinito y el hombre limitado. Dios es independiente pero el hombre es dependiente de su Creador y del resto de lo creado. Sin embargo, a pesar de esas características tan disímiles unas de otras, en Cristo, encontramos a Dios hecho hombre y por lo tanto, una conjugación de cualidades no vistas en ningún otro hombre de la historia. Y pensar que esa es la historia que Él cambió.

El Cristo eterno se encarnó y tuvo un "comienzo" como Jesús aquí en la tierra. La segunda persona de la Trinidad, Jesús, que es ilimitado, supo ser confinado dentro de un cuerpo físico y dentro del vientre de una madre. Y el Dios independiente supo depender de agua, comida, sueño y demás, durante su paso por la tierra. Su dependencia de Dios nos enseñó a depender.

Dios es inmortal pero el Dios-hombre muere en la cruz y por medio de su muerte ha dado vida a muchas personas. ¿Cómo es que la muerte puede dar vida? Eso nunca es posible, a menos que sea Jesús quien muera. Jesús vio su muerte como la hora de su glorificación y a ese momento se refería cuando hablaba de que: "mi hora no ha llegado". En la cruz Jesús reivindica la justicia de Dios y expresa el amor y la gracia de Dios como nadie más había podido.

El Dios que sostiene el universo (He. 1:3) pasó a ser sostenido por el seno de una madre. Es increíble ver cómo el Dios omnipotente supo tener hambre y sed; y supo estar cansado. El Dios que tenía a su disposición miríadas de ángeles supo dejarse apresar por algunos soldados para que aquellos que verdaderamente éramos prisioneros, pudiéramos ser dejados en libertad. El preso dejó libre al prisionero.

El Dios soberano delante de quien han de doblarse las rodillas de todo el que existe en el universo pasó a ser obediente… el obedecido pasó a ser obediente y su obediencia lo calificó para morir en nuestro lugar. Y desde entonces su obediencia ha llevado a muchos rebeldes a ser hijos sometidos a su voluntad. Él nos enseñó a obedecer y luego nos pidió que le obedeciéramos. Su obediencia fue impecable para poder dar entrada a aquellos que desobedecemos la ley de su Padre.

El amo que tiene siervos pasó a servir para que los rebeldes pudieran convertirse en verdaderos siervos y así conocer al amo. Nunca se ha visto que el amo muera por el siervo; ni que el amo sea quien le supla a los siervos. Jesús no fue cualquier amo porque precisamente vino a redimir a sus siervos y los redimió a precio de sangre... su sangre.

El que lo posee todo (Col. 1:16), murió sin nada para que aquellos que no poseíamos nada llegásemos a heredarlo todo. Por eso Romanos 8:17 nos llama: "coherederos con Cristo". Jesús cambió su gloria por trapos de vestir; su trono por una cruz; su infinidad por la humanidad y el cielo por un pesebre.

El verdadero pan de vida y el que alimentó a multitudes experimentó hambre. Jesús vino a saciar el hambre espiritual del hombre y lo hizo no con pan de harina, sino con pan de vida. Él es el maná del Nuevo Testamento; la fuente inagotable de sustento.

El juez y dador de la ley pasó a ser condenado para que los condenados pudieran llegar a ser libres... "Así que, si el Hijo os hace libres, seréis realmente libres" (Jn. 8:36). Cristo vino a liberarnos de nuestros miedos e inseguridades; de nuestros hábitos pecaminosos; de nuestro orgullo; de nuestra vanidad y de nuestro vacío espiritual. Él soltó las amarras el día que le recibimos; ahora nos toca a nosotros caminar en libertad santa.

El que no conoció pecado fue hecho pecado por nosotros (2 Co. 5:21) para que aquellos que nacimos en pecado, un día estuviésemos limpios de culpa. Un Dios que es proclamado Santo, Santo, Santo (Is. 6:3; Ap. 4:8) es "hecho pecado" en la cruz y por lo tanto es tratado como si Él hubiese vivido nuestra vida para que un día, nosotros que "somos pecado" fuésemos limpiados y tratados como si hubiésemos vivido su vida. El Dios infinitamente santo, fue tentado para que aquellos que sabemos como tentar aprendiésemos a soportar la tentación.

El Dios de gloria murió avergonzado, desnudo en una cruz para que aquellos que vivimos en vergüenza, pudiéramos un día entrar en su gloria. Dios había revelado que nadie puede ver su gloria y vivir. Sin embargo, deseando compartir su gloria misma, Dios diseña un plan que implicaría que su Hijo dejara a un lado su gloria y fuera en busca de aquellos que habían sido destituidos de la presencia de Dios (Ro. 3:23) para que un día Cristo pudiera abrir el camino al hombre que lo llevaría de la corrupción a la gloria.

Cristo fue el tema de las profecías del Antiguo Testamento pero al mismo tiempo Él es el profeta. Él es el Rey que recibe una corona de espinas para que nosotros en un futuro pudiésemos ser coronados. Él es la ofrenda en la cruz y la persona que la ofrece al mismo tiempo... El cordero y el sacerdote en una sola persona. Igualmente es Cordero y León a un tiempo.

El nunca fue a la universidad pero no ha habido nadie más sabio; no vivió más de treinta y tres años pero ha cambiado más vidas que cualquier otra persona independientemente de la edad alcanzada. Nació en un pesebre, pero hoy se sienta en el trono.

Jesús condena a los maestros de la ley por su pecado pero deja en libertad a la mujer tomada en adulterio. Supo derribar las mesas de los cambistas y atraer a los niños a la vez.

Él es la piedra angular sobre la que se construye todo el edificio; pero es también la piedra sobre la cual se destrozan todos los que caen sobre ella (Mt. 21:44); Piedra de tropiezo y piedra de construcción (Ro. 9:33).

En fin, Cristo es lo que nadie ha sido; posee lo que nadie tiene y promete lo que nadie puede. No hay nadie como Él; Él escribe la historia y la tuya también.

BIBLIOGRAFÍA

A. B. Bruce, *The Training of the Twelve* [El adiestramiento de los doce], (Grand Rapids, MI: Kregel Publications, 1988).

Arthur T. Pierson, *Many Infallible Proofs* [Muchas pruebas infalibles], tomo 2 (Grand Rapids, MI: Zondervan, s.f.).

Browmiley, Geoffrey W. *et al, The International Standard Bible Encyclopedia* [Enciclopedia de la Biblia Estándar Internacional] (Grand Rapids, MI: William B. Eerdmans Publishing Co., 1986).

Bruce Wilkinson y Kenneth Boa, *Talk Thru The Bible* [Hablar mediante la Biblia], (Nashville: Thomas Nelson Publishers, 1983).

Charles C. Ryrie, *Teología básica* (Miami, FL: Editorial Unilit, 1993).

Erwin W. Lutzer, *Christ Among Other Gods* [Cristo entre otros dioses] (Chicago: Moody Press, 1994).

Erwin W. Lutzer, *La decepción de Da Vinci* (Grand Rapids, MI: Editorial Portavoz, 2005).

Fritz Ridenour, *Entonces, ¿cuál es la diferencia?* (Lake Mary, FL: Casa Creación, 2005).

Isabella D. Bunn, *444 Surprising Quotes about Jesus* [444 citas sorprendentes acerca de Jesús] (Miniápolis, MN: Bethany House Publishers, 2006).

J. Barton Payne, *Encyclopedia of Biblical Prophecy* [Enciclopedia de profecía bíblica] (Grand Rapids, MI: Baker Book House, 1989).

J. Dwight Pentecost, *The Words and Works of Jesus Christ* [Las palabras y obras de Jesucristo] (Grand Rapids, MI: Zondervan Publishing House, 1981).

James Montgomery Boice, *The Gospel of John* [El Evangelio de Juan], tomos 1 al 4 (Grand Rapids, MI: Baker Book House, segunda edición, 2001).

John Bowker, *Cambridge Illustrated History Religions* [Historia ilustrada de las religiones] (Cambridge University Press, 2002).

Josh McDowell y Don Steward, *Handbook of Today's Religions* [Manual de religiones actuales] (Nashville, TN: Thomas Nelson Publishers, 1983).

Josh McDowell, *Nueva evidencia que demanda un veredicto,* (El Paso, TX: Editorial Mundo Hispano, 2005).

Lee Strobel, *The Case for Christmas* [El caso para Navidad] (Grand Rapids, MI: Zondervan, 2005).

Leon Morris, *Reflections on the Gospel of John* [Reflexiones en el Evangelio de Juan], tomos 1 al 4 (Grand Rapids, MI: Baker Book House, 1988).

Mark E. Moore, *The Chronological Life of Christ* [La vida de Cristo en orden cronológico], tomo 1 (Joplin, MS: College Press Publishing, edición revisada, 1997).

Michael P. Green, *Illustrations for Biblical Preaching* [Ilustraciones para la predicación bíblica], (Grand Rapids, MI: Baker Book House, 1989).

Norman Geisler y Frank Turek, *I Don't Have Enough Faith to Be an Atheist* [No tengo suficiente fe para ser un ateo], (Wheaton, IL: Crossway Books, 2004).

Norman Geisler, *Baker Encyclopedia of Christian Apologetics* [Enciclopedia Baker de apologética cristiana], (Grand Rapids, MI: Baker Books, 1999).

Oswald Sanders, *Liderazgo espiritual* (Grand Rapids, MI: Editorial Portavoz, 1995).

Ravi Zacharias y Norman Geisler, *Who Made God* [Quién hizo a Dios], (Grand Rapids, MI: Zondervan, 2003).

Ravi Zacharias, *Jesús entre otros dioses* (Nashville, TN: Caribe Betania Editores, 2002).

R. C. Sproul, *The Glory of Christ* [La gloria de Cristo] (Wheaton, IL: Tyndale House Publishers, Inc., 1994).

Robert J. Morgan, *Stories, Illustrations & Quotes* [Historias, ilustraciones y citas] (Nashville, TN: Thomas Nelson Publishers, 2000).

W. Graham Scroggie, *A Guide to The Gospels* [Una guía para los Evangelios] (Grand Rapids, MI: Kregel Publications, 1995).